인생과 사랑을 디자인하라

- 나를 변화시키는 KIPP 4단계 -

원 종 하 지음

탑 북 스

인생과 사랑을 디자인하라

나를 변화시키는 KIPP 4단계

실업자 3명중 한명은 대졸 이상의 고학력자인 것으로 나타났다. 지난 2016년 10월17일 통계청에 따르면, 3분기 기준으로 실업자는 98만5000명이며, 그 중 32%인 31만5000명이 4년제 대학 이상의 학력을 가진 사람들로 집계됐다. 대졸 실업자가 3분기 기준으로 30만 명을 넘은 것은 1999년 관련 통계 작성을 시작한 이후 올해가 처음이라 한다. 학령인구의 감소와 등록금 동결로 인한 구조적 압박, 그리고 취업난 등의 3중고를 겪고 있는 대학의 미래는 위험과 불확실성이 높아지고 있다. 교육의 본질적인 변화와 접근법이 필요하다. 그동안 대학은 조직이 갖는 본질과 특수성 때문에 변화와 혁신에 가장 덜 예민하게 반응한 곳 중의 하나인 곳이기도 하다. 학문의 본질은 하루아침에 변하는 것은 아니지만, 진리에 도달하고자 하는 탐구 방법과 접근 방법은 새로운 마인드와 도전적인 시도가 필요하다.

인류 역사상 가장 근본적인 변혁을 꿈 꿨던 17세기 영국의 철학자 프랜시스 베이컨은 “아는 것이 힘이다(Knowledge is power)”라는 유명한 경구와 귀납법이라는 논리의 창시자로 유명하다. 이 때문에 베이컨은 논리학과 과학철학의 대가로 불린다. 늘 인류의 대

변혁을 꿈꿔 왔던 베이컨은 철학자이자 논리학자이기 이전에 시대를 뛰어넘은 혁신가였다. 17세기의 이러한 혁신은 18세기 산업혁명을 이끄는 계기가 되었고, 대영제국의 발판을 마련하는 기초가 되었다. 객관적인 지식의 확산은 각종 편견과 선입관에서 벗어나는 것부터 시작해야 한다. 또한 자연과 사회에 대한 치밀한 관찰을 통해 발견된다. 경쟁적 협력과 시스템 리더십이 요구되는 4차 산업혁명의 시대를 준비해야 하는 시점에, 교육이 가야 할 미래를 고민해야 할 때이다. 30년 전에 배운 대로 가르칠지 아니면 시대의 흐름과 트렌드를 결합한 교육을 할지 고민과 노력이 있어야 한다.

필자는 지난 학기부터 일명 "KIPP(Knowledge is power program) 교육"을 시도하고 있다. 400년 전 영국 철학자 프랜시스 베이컨이 주창한 대혁신(Great Instauration)처럼 나를 알고, 사회를 아는 지식혁명을 통해 새로운 세상을 만들어 가는 힘을 갖도록 하는데 필요한 교육을 해보자는 생각을 담은 것이다. 학생들 개개인의 참다운 모습을 알아가고, 강의시간에 질문을 하면 포인트를 주고, 또 질문에 어떤 답을 해도 인정해 줌으로써 수업의 집중도를 높이고, 학업에 흥미를 유발할 수 있도록 하는 것이 주된 내용이다. 결국 자존감을 높이고 스스로 동기부여를 하는 수업 분위기를 만들어야 "기다리는 강의"가 된다는 생각을 갖고 있기 때문이다.

이러한 필자의 생각을 교양영역인 "사랑의 경제경영학" 영역으로 넓혔다. 20대 대학생들에게 인간의 가장 본질적인 감정인 사랑의 본질에 대해 생각해 보게 하고, 자기 자신을 찾는 방법을 경제학과 경영학의 여러 가지 학문적 이론을 통해 접근해 보는 수업이다. 3포 시대를 넘어 7포 시대에 이른 오늘날 나 아닌 남을 사랑하는 것이 너무나 어렵고 타인과 소통하고 화합하는 스킬에 익숙하지 않은 학생들이 대부분이다. 이들에게 인생과 사랑에 대한 코칭이 필요하다. 학습을 통해 본인의 연애관과 결혼관 등 가치관에 대해 생각해 보게 하고, 가정에 대한 소중함을 인식함으로써 전 인격을 갖춘 인재로 성장하도록 돕는 것이다. 뿐만 아니라 경제학과 경영학을 통해 미래의 어떤 종류의 선택에 대비하게 하고, 이 길이 아닌 저 길을 택했을 때 어떤 결과와 마주치게 될지에 대해 사전에 시뮬레이션을 해보게 해 합리적인 의사결정을 할 수 있는 힘을 갖도록 해보자는 마음에서 시작된 강의이다. 마지막으로, 살아가면서 선택하고 또 선택해야 하는 많은 것들을 얻는 방법에 관한 고민들을 매칭(matching)이라는 게임이론을 통해 경험해 보게 하는 것이다. 결국 나는 누구인가, 어떤 인생을 살아가야 할까? 어떤 사람의 유형을 선택하고 싶은가? 차별화된 자신의 장점은 무엇인가? 등 각자의 작은 감정들을 찾아보고 이러한 삶의 기쁨이 미래를 만들어 가는데 힘이 되고, 그 힘이 소명으로서의 직업을 찾아내는 원동력이 되는 선순환의 사이클을 만들어 나간다면, 외부환경이 어렵고 여건이 힘들어도 이겨내는 내공이 쌓이지 않을까 생각한다. 실업률의 원인은 좋은 일자리가 없는 것이 가장 큰 문제이지만 경제 주체들 간의 미스매치도 원인중의 하나이다. 2012년 노벨경제학상 수상자로 게임 이론 및 시장 설계분야의 세계적인 경제학자인 앨빈 로스는 최근 매칭이라는 책을 통해 각자가 좋아는 것, 잘하는 것을 보여 주었을 때 가장 효율적인 매칭이 이루어진다고 강조했다.

본 저서를 읽는 사람들에게 나는 누구와, 그리고 어떤 일과 매칭되었을 때 가장 행복할까? 삶에서 가장 기본이 되는 사랑을 하기 위해 스스로 어떤 가치관을 가진 사람이 되면 좋을까에 대한 라이프코치와 같은 역할을 하게 될 것이다. 인생과 사랑에 대한 생각뿐만 아니라 구체적인 방법을 제시해 스스로를 알아가는 삶을 살아가길 원한다. 이러한 인생과 사랑을 디자인하는 4단계를 제시하고자 한다.

제1단계로서는 주변을 정리하는 것에서 부터 출발한다. 스스로와의 대화와 내적 코치의 인식, 듣기의 힘과 부정에서 긍정으로, 중요한 질문, 무지의 대면과 불안한 자신발견하기, 명확성의 논리와 같은 것과, 2단계는 기초쌓기로서 사랑의 시작점과 변화, 긍정적인 면 찾기, 변화하는 관계, 나에게 중요한 가치, 자존감의 중요성, 스마트 모델, 그리고 3단계는 목표 삶 설정하기로서 TGROW 모델을 가지고 내외적의 여러 가지를 살펴보고, 돈과 가족, 관계정립, 일과 직업 등에 대해 알아보고 건강과 피트니스의 중요성 등에 대해 알아보고자 한다. 마지막으로 4단계에서는 삶을 디자인 하는 방법을 살펴보고자 한다.

행복한 삶을 살기 위해서는 한사람 한사람의 올바른 생각과 가치관을 갖는 것이 무엇보다 중요하다. 삶의 행복을 위해 오늘도 작은 시도를 해본다. 끝으로 출판에 도움을 주신 모든 분들께 감사드린다.

2017년 2월

원종하

제1강 KIPP교육이란 ?

제2강 첫 단계 : 주변 정리하기

제3강 2단계: 기초 쌓기

제5강 4단계 : 마무리하기

제1강

KIPP교육이란?

제1강 KIPP교육이란?

1. 라이프 코칭

"인생에는 리허설이 없다."

다음 질문에 대답해 보라.

첫째, 당신은 인생을 어떻게 살고 있는가?
둘째, 당신은 모든 순간을 즐기며 살아가고 있는가?
셋째, 당신은 그저 일상을 '견뎌내고' 있는가?
넷째, 당신은 계속 스스로에게 언젠가 '진짜 인생'이 시작될 것이라고 얘기하고 있는가?

스스로에게 어떤 인생을 살고 싶으며, 현재 살아가고 있는 삶이 개인의 목표와 얼마나 닮아있는 지를 스스로에게 묻는 것은 우리의 삶에 있어서 매우 중요하다. 두 번째 물음에 대한 답이 '충분하지 않다'라면, 이 책은 당신을 위한 책이다. 이 책을 선택한 이유가 무엇이든지 간에, 당신은 이 책을 통해 지금 인생에서 어디에 서있는 지를 알게 될 것이다. 또한 앞으로 어디에 있고 싶은지를 파악하게 되고, 사고를 전환시키며 현실과 이상의 차이를 줄일 수 있을 것이다.

그동안 '코칭'에 대한 정의는 많았지만, 간단히 말해서 라이프 코칭(life coaching)이라는 것은 이미 가지고 있는 잠재력을 발현하여 삶에 변화를 일으킬 수 있게 도와주는 아주 강력한 과정이다. 세상에는, 정말 실현하고 싶지만 그럴 시간이나 여유를 가지지 못하는 변화와 미래에도 멈추지 않을 것만 같은 어쩔 수 없이 일어나는 변화가 발생한다. 직장에서, 집에서 또는 인생 전체에서 이러한 변화를 마주하고 적응하는 것은 아주 큰 도전이 될 수 있다. 이러한 도전에 맞닥뜨렸을 때, 라이프 코칭은 큰 도움이 될 것이다.

코칭 과정은 당신과 당신의 코치 사이에 일어나는 아주 효과적인 협동 작업이라고 할 수 있다. 코치와 당신의 관계는 도덕적, 가치적 판단을 최대한 피하는 관계이며, 여러분을 무조건적으로 응원하고 사랑하는 관계이다. 이러한 코칭은 대화를 통해서 일어난다. 이 과정에서 사용되는 대화는 삶 속에서 당신을 발전시키고 앞으로 나아가게끔 한다는 점에서 우리가 주로 하는 사적인 대화, 즉 수다와는 다르다. 코칭은 당신이 지금의 삶에 대해 인지하고, 삶을 스스로 통제하고 책임질 수 있도록 도와준다. 본인의 현재 모습은 지금까지 그 사람이 내렸던 모든 결정의 총합이다. 만약, 이 말이 당신에게 부담스럽게 느껴져도 괜찮다. 당신만 그렇게 느끼는 것이 아닐 테니. 하나 더 기억할 것은 세상에 당신과 똑같은 사람은 아무도 없다는 것이다. 설사 쌍둥이 이거나, 세 쌍둥이라고 해도 당신은 아주 특별하다. 그렇기 때문에 스스로가 자기 자신의 장단점을 모두 이해하고, 받아들이지 않으면 당신의 손을 잡아줄 사람은 없으며, 그러한 자기 이해가 진행되고 나서야 다음 단계로 넘어갈 수가 있는 것이다.

2. 나만의 내적 코치

" 코칭은 당신의 진정한 잠재력을 깨닫게 도와준다! "

코칭을 통해서 누군가 당신을 믿고, 지지하고, 응원하는 경험을 하는 것은 매우 기분 좋은 일이다. 우리는 인생을 살면서 주변의 다른 사람들에게 여러 조언을 부탁하기도 하는데, 사실 타인으로부터 코칭을 받는 과정에서 느낄 수 있는 한가지 사실은 어떤 결정을 내리거나 변화한 환경에 적응해야 할 상황이 되었을 때, 스스로 자기자신에게 코칭을 해줄 수도 있을 것이라는 점이다. 일본의 속담 중에 “네가 어디를 가든지 너는 존재한다”라는 말이 있다고 한다. 이 말처럼, 스스로의 코치가 된다는 것은 당신이 언제 어디에 있든, 누구와 함께 하든, 조언을 해주고 도움의 손길을 줄 수 있는 코치가 함께 있을 수 있다. 인생이라는 여정을 하기에 얼마나 좋은 동반자인가! 우리는 이러한 ‘스스로의 코치’를 ‘내적 코치’라고 부르기로 하자.

이 책을 통해 연습하면서 당신은 내적 코치를 통해 목표를 이룰 수 있는 방법을 알게 될 것이다. 스스로를 코칭한다는 것은 다음과 같은 내용을 포함하고 있다.

첫째, 스스로에게 귀 기울이는 것 (경청)
둘째, 스스로에게 필요한 질문을 던지는 것 (질문)
셋째, 당신의 삶에서 무엇이 중요한지를 명확히 하는 것 (중요성)
넷째, 해야 할 일을 미루지 않는 것 (즉시행동)
다섯째, 계획하고 행동하는 것 (계획성)
여섯째, 성공할 때까지 계획과 시간에 집중하는 것 (집중)

친구와 가족들은 자신들에게 영향을 주지 않는 범위 내에서 당신이 생활하기를 바라는 마음을 느낄 수 있으며 본인들의 문제를 대화 속으로 가지고 오는 경향이 있다. 그러나 코치는 본인의 문제나 고민을 대화로 끌어들이지 않으며 결과를 신경쓰지 않는다. 간단히 말해서, 코치는 개인 스스로의 잠재력과 숨겨진 능력을 믿으며 각자가 목표를 이루어 낼 수 있는 힘이 있다는 것을 믿고 지지하는 존재이다. 그렇기에 스스로를 코칭할 수 있는 법을 배운다는 것은 삶에서 변화가 일어날 때 스스로를 믿는 법을 배운다는 것과 같다고 할 수 있다.

3. 코칭의 범위

직접적 코칭

- 말하기
- 훈련시키기
- 가르치기
- 조언하기
- 해결책 찾기
- 생각하기
- 명확히 하기
- 질문하기
- 듣기

간접적 코칭

코칭의 범위는 다양한 스펙트럼을 가지고 있다. 오른쪽의 그림은 코칭의 범위이다. 전체적인 스펙트럼의 가장 윗 부분은 직접적인 접근법을 담고 있으며, 이러한 접근법에서는 멘토나 조언자가 충고를 통해 당신에게 어떻게 해야 하는지를 알려주기도 한다. 이 종류의 코칭은 경험이 많은 사람의 지혜가 매우 중요한 가치를 지니는 사업장, 혹은 종교적인 사회에서 사용된다면 매우 효과적일 수 있다. 하지만 보편적인 상황에서 타인의 간섭은 자기 자신 안에 숨겨져 있는 창의성을 발견하는 것을 방해하는 장애물이 되기도 한다. 빠르게 변화하는 사회에서 이전에 해왔던 대로만 문제를 해결하라는 법은 없다. 하지만 경험을 토대로 한 조언은 이전의 방식을 따르게끔 종용하기 때문이다. 이 스펙트럼의 가장 아랫 부분은 현재 우리가 책에서 다루고 있는 간접적 접근법이다. 간접적이라는 단어에서 알 수 있듯이, 이 접근법은 무엇을 할까를 알려주기 보다는 어떤 문제가 있는지, 또 어떤 심정인지를 듣고 본인 스스로 목표를 찾고 고난을 헤쳐나갈 수 있도록 응원하고 격려해 준다. 이러한 스타일의 코칭은 개개인이 독특하고 창의적인 아이디어를 떠올릴 수 있도록 도와주는 것이다.

이 책은 내적 코치와의 교감을 통해 당신이 목표하는 삶을 살아갈 수 있도록 도와주는 것을 목표로 하고 있다. 책이 사용하고 있는 간접적 접근법은 당신에게 조언을 해주거나 무엇을 하라고 명령하는 것이 아니라 스스로를 도울 수 있도록 격려하는 역할을 한다. 이는 스스로에게 필요한 질문을 던지고, 가장 좋은 해결책에 도달할 수 있도록 개개인을 내적 대화의 세계로 초대함을 통해 가능하게 된다. 이 책은, 코칭의 기본 원리를 이해하고 각각의 특수한 상황에 직접 적용할 수 있도록 돕기 위해 구체적으로 세분화하여 ① 주변 정리하기, ② 기초 쌓기, ③ 목표 설정하기, ④ 마무리하기 등 네 부분으로 구성되어 있다.

책만으로는 이상적인 삶을 계획하는데는 한계가 있기 때문에 독자들의 적극적인 수용과 참여가 필요하다. 필요에 따라서 각 파트는 당신에게 어떻게 스스로와 소통할 수 있는지에 대한 방법을 알려주고 기회를 제공하는 사례들과 활동을 예시로 제시하였다.

4. 내 자신과 가장 친한 친구가 되어라

자기계발서를 읽고 행동으로 옮기는 데에는 책을 읽고 그치는 것 이상의 열망이 필요하다. 이러한 열망은 자존감이나 자기 가치관과 관련이 있는데, 자존감을 향상시키고 자기자신에 대해 어떻게 생각하는지를 파악하기 위해서는 스스로의 가장 친한 친구가 되어야 한다. 당신이 몇 살이든 간에, 스스로의 가장 친한 친구라고 자부할 수 있는가? 만약 아니라면, 어떻게 하면 내 자신의 친구가 될 수 있을까? 그 방법은 옷장에 있는 옷들 중에 어떤 옷을 버리고 어떤 옷을 입을 것인지를 구분하는 것만큼 쉽다. 그저 스스로를 위해 어떤 일을 하든지, 조금만 더 주의를 기울이면 되는 것이다. 진정한 친구가 당신의 있는 그대로를 받아들이고 당신의 말을 잘 들어주듯이 당신 또한 스스로의 있는 그대로를 아껴 주면 된다. 현재 당신은 자기 자신을 이해해주고, 받아들이고 있는가?

5. 절대 포기하지 말라

변화를 일으키려는 첫 시도는 성공하기 쉽지 않다. 여러 번 실패를 겪는 것이 인지상정인데, 이런 실패의 순간에 많은 사람들은 "그래, 이럴 수 밖에 없겠지", "나는 희망이 없어", "나는 할 수 없구나" 혹은 "내 인생이 이렇지 뭐"라고 말하면서 포기하곤 한다. 하지만, 어떤 일이든 간에 당신이 바꾸고자 하는 것에서 첫 시도 만에 성공하지 못한다 해도 멈추지 마라. 첫 술에 어찌 배부를 수 있겠는가? 실패를 경험했다면 자책하거나 슬퍼하지 말고 왜 당신이 원하는 변화를 이끌어 내는 것이 쉽지 않은 일인가를 분석해야 한다. 그러한 분석을 통해서 문제가 무엇이고 어떻게 해결 할 수 있는지에 대한 실마리를 찾을 수 있을 것이다.

" 당신 삶의 전문가는 바로 당신이다! "

6. 목표를 명확히 하라

코칭이 당신을 어떻게 도와줄 수 있는지에 대해 공부하기에 앞서서, 목표점이 무엇인지를 명확히 하는 것은 매우 중요하다. 목적지를 정확히 알지 못하면 어떤 길로 갈지 정할 수가 없기 때문이다. 지금부터는 당신의 목표를 확실히 하기 위해서 어떤 방법을 쓸 수 있는지에 대한 이야기를 잠깐 하고 넘어가려고 한다. 명심해야 할 것은, 스스로에게 가장 잘 맞는 방법을 찾고 사용해야 한다는 것이며 이 책을 읽고 적용하는 내내 이루고자 하는 목표를 아주 명확하게 떠올릴 수 있어야 한다는 것이다. 지금부터 그려볼 미래를 꼭 기억하길 바란다.

목표를 찾기 위한 첫 번째 방법은 창의적인 시각화를 통한 방법이다. 시각화를 통해 목표를 그려보는 것은 여러분이 원하는 것이 무엇인가에 대한 정확한 그림을 얻는데 매우 강력한 도구가 될 수 있다. 시각화 과정을 처음 시도해보는 단계에서는 당신의 목표 인생을 상상하고 그려보면서 그 속에서 행복을 만끽해보라. 그렇게 꿈꾸는 인생을 시각화 하는 것에 익숙해진다면 조용하고 편안한 곳으로 가서 크게 숨을 들이쉬어라. 심호흡을 하면서 몸을 편안히 두고 끊임없이 목표하는 인생을 그리는 연습을 통해서 10년뒤, 20년 뒤의 모습을 머릿속에 각인시킨다면 당신이 어떤 삶을 살고 싶어 하는지 명확히 알 수 있을 것이다. 상상하는데 도움이 필요하다면 아래의 질문을 참조하면 도움이 될 것이다.

첫째, (상상 속에서) 당신은 지금 어디에 있는가?
둘째, (상상 속에서) 누구와 함께 있는가?
셋째, (상상 속에서) 당신이 어떤 일을 하고 있는가?
넷째, (상상 속에서) 어떤 소리가 들리는가?
다섯째, (상상 속에서) 기분이 어떤가?
여섯째, (상상 속에서) 어떤 향이나 맛이 나는가?

두 번째 방법은 단어와 사진을 사용하는 것이다. 당신이 어떤 삶을 원하고 무엇을 갈망하는지를 묘사하는 스스로의 목소리를 들어보라. 그것을 바탕으로 하여 신문이나 잡지 등에서 사진과 그림을 오려서 콜라주를 만들거나, 마인드맵 등을 만들어 보는 과정에서 여러분은 목표하는 삶을 그려볼 수 있을 것이며, 후에 결과물을 계속적으로 보면서 스스로가 원하는 바를 명확히 할 수 있을 것이다.

세 번째 방법은 나만의 성공의 정의를 내려보는 것이다. 대체로 돈, 권력, 명예적인 것이 있을 수 있으나 정서적인 면에서 만족감을 찾는 것, 자유로운 삶을 사는 것, 여유시간이 많은 것 등은 성공의 가장 보편적인 정의에 포함되는 특징들이다. 그러나 성공한 삶에 대한 정의는 개인마다 천차만별일 것이다. 나름대로의 성공을 정의하는 것을 통해 당신이 삶에서 중시하는 가치가 무엇인지 파악할 수 있을 것이며 미래를 이미지화 할 수 있을 것이다.

자, 이제 원하는 삶을 그려보기 시작했으니 이상과 현실의 거리를 좁혀 보도록 하자.

제 2 강

첫 단계 : 주변 정리하기

제2강 첫 단계 : 주변 정리하기

1. 스스로와의 대화

변화의 소용돌이에서, 스스로와의 대화를 조율하는 것은 매우 중요하다. 무엇을 믿고, 무슨 말을 스스로에게 해주느냐가 어떤 성과를 이루어 내는지에 미치는 영향은 아주 크다. 놀라운 것은, 모든 '내적 대화'가 다 긍정적이거나 건설적이지는 않다는 점이다. 하지만 내적 코치는 언제나 당신이 이룰 수 있는 것에 한계가 없다는 사실을 믿는다는 것을 잊지 말아야 한다.

1) 변화할 시간

우리는 마음 속을 깨끗하고 단정하게 하는 것을 통해 부정적인 생각을 없애면서 자존감과 자신감을 키울 수 있다. 여기서 주의해야 할 점은 당신이 오랜 시간 동안 특정한 방법이나 스타일로 내적 대화를 해왔을 가능성이 높다는 것을 알고 있어야 한다는 것이다. 이러한 '잡초'는 '삶'이라고 불리는 토양에 아주 큰 영향을 줬을 가능성이 높다. 사실, 스스로는 자기가 어떻게 내적 대화를 하는지, 어떤 혼잣말을 하는지를 쉽게 파악하지 못한다. 하지만 우리가 명상을 통해 일부러 좋지 않은 생각을 잠재우지 않는다면, 머릿속은 절대, 단 한 순간도 조용하지 않으며 멈추지 않을 것이다. 만약에 당신이 스스로의 내적 대화의 방식을 변화시키겠다고 결정한다면 이 습관을 바꾸는 것은 오랜 시간이 걸린다는 것을 염두에 두고 인내심을 가져야 한다. 앞으로 행할 하나하나의 행동들이 모두 올바른 방향으로 당신을 이끌어주고 있다는 것을 명심해라. 지금 소개해 줄 '생각 이름'이라는 활동은 현재 내적 대화의 습관이 어떠하고, 어떻게 발전 할 수 있는지를 파악하는데 좋은 첫 단추가 될 수 있을 것이다.

2) 활동 : 생각 이름

내적 코치를 찾는 긴 여정의 첫 번째 활동인 생각 이름 활동은 짧은 시간 동안, 매일매일 머릿속에서 일어나는 대화들을 듣고 분석하는 활동이다. 다음의 두 질문에 대답하며 당신이 듣는 것을 분석해 보아라.

첫째, 스스로와 어떤 종류의 대화를 나누는가?

둘째, 부정적인 생각이 존재하는가?

만약에 당신이 지금 머릿속에서 일어나는 생각들을 이름 지어줄 수 있다면 무엇이라고 부르겠는가? 예를 들어, 한 사무실에서 무작위로 진행한 설문조사에서 나온 이름들을 살펴보자.

생각 속 부정적 인물들	긍정적 인물들
두려움 아가씨	'난 할 수 있어' 아가씨
'난 무조건 옳아' 아저씨	'실수해도 괜찮아' 아저씨
'아무도 날 좋아하지 않아' 여사	'나는 내가 좋아' 여사
'나는 희망이 없어' 사장	성공 사장
게으름부리기 여인	'지금 하자' 여인
징징이 사내	긍정 사내

"당신의 생각에 어울리는 이름은 무엇인가?"

2. 내적 코치의 인식

분석하며 들었던 머릿속의 대화 중, 계속 듣고 싶은 대화와 멈춰야 하는 대화를 어떻게 구분할 수 있을까? 바로 이때 내적 코치가 등장하는 것이다. 내적 코치가 하는 말을 알아차리기 위해서는 아주 간단한 체크리스트를 살펴보자.

내적 대화를 들을 때, 생각들이

첫째, 긍정적인가?

둘째, 자기자신을 믿고 있는가?

셋째, 판단하지 않는가?

넷째, 격려해주는가?

다섯째, 무조건적인가?

여섯째, 당신에게 가장 좋은 일이 일어나길 원하는가?

이러한 자질들은 당신의 목표를 이루기 위한 여정을 돕는 내적 코치와의 대화에서 나타나는 특성이다. 도움이 되는 내적 코치의 대화를 인지하고 알아차리는 것은 어떤 내적 대화를 없애야 하는지를 결정하는데 중요한 요소가 된다

1) 내 머릿속의 등장인물 파악하기

먼저, 지지하는 것과 긍정적인 것에서 아주 거리가 있는 내적 대화의 주인공들을 분리시켜 보자. 그런다면 이제 당신의 용기를 북돋워주고 힘을 길러주는 긍정적인 대화만이 남게 되는데, 이러한 대화 속에서 바로 당신의 내적 코치를 찾을 수 있을 것이다.

2) 나의 내적 코치는 누구인가?

내적 코치는 당신의 꿈을 듣고, 알고만 있는 존재가 아니라 바로 그런 꿈들을 현실로 이루어 낼 수 있게끔 당신을 격려해주고 응원해주는 자기자신의 한 부분이다.

내적 코치는

① 당신의 꿈을 인정한다.

② '할 수 있다'고 말하며 당신의 능력을 믿는다.

③ 당신이 현재 놓여진 상황을 객관적이고 솔직하게 평가할 수 있도록 질문을 던진다.

④ 가지고 있는 선택지를 당신과 함께 꼼꼼하고 창의적으로 평가한다.

⑤ 당신이 가장 흥미로워하는 선택지를 선택할 수 있도록 이끈다.

⑥ 꼼꼼하게 행동을 계획할 수 있도록 도와준다.

⑦ 진행 단계를 확인한다.
⑧ 계속 집중할 수 있도록 가르친다.
⑨ 과정상에서 이룬 성과를 모두 축하해주고 인정한다.
⑩ 당신과 함께 성공을 기뻐한다.

"내적 코치는 당신의 꿈을 들어주고, 현실화 할 수 있도록 도와준다!"

이쯤 되면 당신도 이제 코칭에서 듣기가 얼마나 중요한 지 느꼈을 것이다. 다음 부분에서는 듣기의 힘에 대해서 알아보도록 하자.

3. 듣기의 힘

우리는 대화에 참여할 때 우리에게 관련이 있는 정보에만 귀를 기울이는 성향이 있다. 귀 기울이는 것은 그저 듣는 것이 아니다. 대화를 하며 말을 듣고 있더라도 상대방이 전달하고 싶은 의미대로 듣지 않을 수도 있다는 것이다. 의사소통의 과정에서 전달하고자 하는 의미를 효과적으로 전달하고, 받아들이기는 쉽지 않다. 타인과의 대화에서 뿐 아니라 자기 자신과의 대화에서도 적극적으로 귀를 기울이는 법을 배우는 것은 효과적인 의사소통을 하는데 큰 도움이 된다. 자신의 말에 상대방이 귀 기울여

들어주었다는 것은 개인의 자신감을 회복시키고 능력을 향상시킬 수 있기도 하다. 다음은 듣기의 여러 종류이다.

1) 스스로에게 귀 기울이기

자기 자신이 말하는 바, 즉 마음의 소리를 잘 듣는 능력은 아주 중요하다. 이 능력은 당신의 삶에서 어떤 것이 중요하고, 어떤 부분이 중요하지 않는지 파악하는데 사용되며 당신에게 중요한 가치와 원칙을 지키며 살아가고 있는지를 아는데도 적용할 수 있다. 코칭은 상황에 따라 듣기 스킬을 분리해낼 수 있도록 하는데, 다음 세가지 질문에 대해 답해보라.

① 누군가가 당신의 이야기를 진실되게 듣는다는 것은 어떤 의미인가?
② 타인의 말을 듣는다는 것은 어떤 행위를 수반하는가?
③ 얼마나 자주 마음의 소리를 듣는데 시간을 사용하는가?

마지막 질문에 대한 답이 '충분하지 않게' 라면, 이것을 바꾸기 위해서 어떤 일을 할 수 있을지 스스로에게 질문하라. 어떤 작은 단계를 밟아야 변화를 일으킬 수 있을까? 어떻게 하면 사회적 듣기 이상의 듣기 그 자체와 내 자신의 소리를 듣는 법을 알려주는 듣기를 구분할 수 있을까?

2) 듣지 않기

두 번째로 이야기 할 듣기의 종류는 '듣지 않는 것'이다. 아마 당신은 지금까지 살아오면서 상대방에게 열심히 말을 하고 있긴 하지만 상대방이 듣지 않고 있는 것 같은 기분을 느낀 적이 있었을 것이다. 어떤 면에서 그렇게 느꼈는가? 아마도 상대방의 눈이 주변을 이곳 저곳 둘러 보며 길을 헤매고 있었다거나, 멍을 때리는 표정을 짓고 있기 때문이었으리라. 이렇게 상대방이 당신의 말을 듣고 있지 않는 상황에 주기적으로 노출된다면 자존감이 크게 저하될 수도 있다. 이는 특히 어린이들에게 많은 영향을 끼치는데, '듣지 않음'을 표현하는 여러 동작들을 본인들이 하고 있는 말이 아무런 중요성을 지니지 않는다는 것으로 해석하기 때문이다.

3) 대화 속 듣기

대화 속에서의 듣기 또한 여러 듣기의 종류 중 하나이다. 대화를 하는 도중에 "이 대화가 *나에게* 어떤 영향을 끼칠까?" 혹은 "*나*를 겨냥하고 하는 말일까?"와 같이 상대방이 하는 말 속에서 내와 관련된 의미와 정보를 찾으면서 듣는 경우, 이러한 듣기를 '*나도*'듣기('*me too*' listening)라고 한다. 친구들과 수다를 떨 때, 면접관이 나에게 질문을 던질 때, 혹은 누군가가 나의 의견을 물었을 때는 이런 방법의 듣기가 매우 적합하다. 그리고 스스로와 대화하며 마음의 소리를 들을 때에도 '나도' 듣기를 통해 자신이 어떤 상황에 처해 있는지, 어떤 문제를 직면하고 있는지 파악할 수 있기 때문에 도움이 된다. 하지만 상대방이 자신이 겪고 있는 어려움이나 상황을 공유하기 위해서 이야기를 하는 상황이라면 '나도' 듣기는 적합하지 않다. 나의 상황을 대화에 끌어들여서 상대방에게 집중할 수 없게 되기 때문이다.

4) 적극적 혹은 집중적 듣기

적극적 혹은 집중적 듣기의 중점은 전적으로 화자에게 놓여 있으며, 집중적 듣기를 하는 동안은 당신의 생각, 의견 등을 모두 젖혀놓고 오롯이 말을 하고 있는 상대방의 감정과 태도에 집중하면서 이야기를 듣는다. 이러한 종류의 듣기는 화자가 어떤 말을 전달하려고 하는지 명확히 이해할 수 있도록 해주며, 화자가 한 말을 부분적으로 따라 하는 활동을 통해 상대방이 스스로 하는 말을 들을 수 있도록 이끌어준다. 효과적인 코칭은 위의 적극적, 집중적 듣기를 사용한다. 스스로의 목소리를 듣고, 격려하면서 미래에 대한 확신을 다시 한번 가질 수 있으며 혹시나 부정적인 자아가 출현하지 않았는지 확인할 수도 있기 때문이다. 이 듣기에서 중요한 것은 말하는 도중 간섭하지 않는 것이다. 이는 상대방이 나의 간섭이 있기 전에 말을 빨리 쏟아 부어버리는 것을 방지하기 위함이며, 창의적인 생각이 자리잡을 수 있도록 하기 위함이라고 할 수 있다. Nancy Kline은 『*Time to Think*』라는 책에서 말이 멈추어 있을 때에도 생각은 계속된다는 내용을 통해 간섭 당하기 전에 빨리 말을 쏟아버리는 태도에 대한 경각심을 일깨우기도 한다. 이 적극적, 집중적 듣기는 내적 코칭의 과정에서도 사용되어야 하는 듣기의 형태이다.

5) 직관적 듣기

직관적 듣기는 듣기를 그저 대화의 차원이나 사회적 차원이 아닌, 다른 차원으로 데려간다. 당신은 현재 받고 있는 메시지를 이해할 때에 가지고 있는 모든 감각을 사용할 뿐 아니라 6번째 감각이라고 불리는 직관 또한 사용하게 된다. 이 '직관'은 수세기 동안 측량될 수 없기에 존재하지 않는다고 여겨져 왔다. 하지만 그 중요성이 점차 커지면서, 계속되어 왔던 과학적 지식의 한계를 넘어서고 점점 의사소통에서 중요하다는 사실을 인정받아 그 지위를 되찾고 있다. 사람들은 특히 요즘 매우 직관을 믿고 신뢰하는 경향을 보이는데, 사실 이성이 자리를 잡기 전, 마음 가는 대로 나의 직관을 따르는 것은 스스로가 정말로 갈구하는 것이 무엇인지 분석할 때에 큰 역할을 하기도 한다.

" 효과적인 코칭은 「적극적인 듣기와 직관적인 듣기」를 모두 사용한다! "

6) 변화를 일으킬 때 듣기가 주는 도움

삶의 변화를 위해 스스로를 코칭할 때면, 이러한 변화가 주변의 사람들에게 끼칠 수 있는 영향에 대해서도 생각해보아야 한다. 그렇기 때문에 나의 변화가 영향을 줄 수 있는 사람들의 의견과 반응을 듣는 법을 아는 것은 가늠할 수 없을 만큼 중요하다. 효과적인 듣기는 신뢰를 가져온다. 상호 존중은 여기서, 매우 중요한 역할을 한다. 중요한 관계에 엮여있는 사람들은 서로서로에게 꿈과 야망을 나눌 수 있는 시간과 공간을 제공해야 하며, 한 사람이 자신의 이상향을 이야기 했을 때, 그의 이상향이 타인에 의해 판단되지 않아야 한다. 그래야만 서로의 관계에서 마찰이 적어지기 때문이다. 필요하다면, 당신이 추구하는 변화를 들어달라고 주변인들을 초대하여 조언을 구하고 의견을 듣는 것 또한 인간 관계를 유지하는데 정말 좋은 방법이 될 수 있다. 그러나 타인의 지지보다 내적 코치의 지원과 격려, 그리고 믿음이 당신이 원하는 삶을 살아가는데 더 중요한 핵심요소이다. 마음 속에서 생겨나는 갈등과 혼란 등을 잠재우고 해결하는 것 또한 내적 코치가 하는 역할이기 때문이다.

4. 부정에서 긍정으로

1) 민아의 예시

민아는 20대 중반의 싱글 여성이다. 그녀는 좋은 직장을 가지고 있지만 언제나 돈이 부족했고, 그래서 점점 그녀는 짜증이 많아졌다. 그녀의 낭비적인 소비 습관은 항상 매달 말이 되면 돈이 모자라, 은행에서 돈을 빌리고, 그 빌린 돈을 갚아야 하는 상황에 이르게 했다. 그렇게 경제적인 문제 때문에 골머리를 앓던 중, 민아는 내적 코칭에 대한 책을 읽게 되었고 코칭이 삶에 어떤 변화를 가지고 올지 궁금해졌다. 그녀는 가장 문제가 많은 재정 관리의 면에서 코칭을 통해 삶에 변화를 일으켜 보기로 결심하고 행동에 들어갔다. 처음으로, 그리고 가장 중요하게, 민아는 이제 더 이상 지금과 같은 생활을 하고 싶지 않다는 것을 느끼고 인정했다. 코칭의 효과를 보기 위해서는 현실에 변화가 필요함을 인식하고 의지를 갖는 것이 매우 중요한데, 민아는 그 부분을 완벽히 해낸 것이다. 그 후에 그녀는 스스로에게 어떤 변화를 원하는지 물어보았다. 그 결과, 그녀는 다음의 것들을 하고 싶다는 결론을 내렸다.

첫째, 지출의 흔적을 잘 남기기
둘째, 매 달 어느 정도 돈을 남기기
셋째, 남는 돈을 연금에 투자하기

다음으로 그녀는 스스로에게 '내가 재정관리를 하며 제일 어려워하는 부분이 무엇일까?'라는 질문을 던졌다. 계속되는 과도한 지출과 비어있는 지갑에 대해 끊임없이 생각하면서 그녀는 어느 순간 "너는 돈 문제에 관련해서는 정말 답이 없어"라고 이야기 하는 머릿속의 목소리를 듣게 되었다. 사실, 그녀는 그러한 부정적인 말을 입증해줄 증거가 그녀의 생활에 너무나 많다는 것을 잘 알고 있었다. 하지만 이번만큼은 스스로를 미워하고 부끄러워하지 않겠다고 다짐했다. 코칭에 대해서 읽으면서 알게 된 것 중 하나가 부정적인 생각은 인생에 전혀 도움이 되지 않으며, 오히려 그런 생각을 더 긍정적이고 힘이 나는 생각으로 바꿀 기회를 주기도 한다는 것이었기 때문이다. 이제 그녀는 자기 자신에게 긍정적인 믿음을 갖기로 결심했다. 그리고 나서 민아는 어떻게 하면 재정 관리를 위한 첫 걸음을 뗄 수 있을까에 대해 고민했고, 먼저 은행에 가서 상담을 받아보자는 결단을 내렸다. 시간을 내어 은행을 방문해 상담한 결과 그녀는 예산을 짜는 방법과 연금에 대해 많은 조언을 얻을 수 있었고, 이전보다 돈 관리에 관련하여 훨씬 자신감을 얻게 되었다. 이러한 자신감은 삶의 여러 방면으로 퍼져 나가서 민아는 그녀의 인생의 겉잡을 수 없었던 소용돌이에서 빠져 나와 그녀의 손안에 있게 되었다는 것을 느꼈고, 어떻게 하면 자신이 원하는 대로 살아갈 수 있는지를 깨닫게 되었다.

2) 긍정의 걸음 내딛기

앞에서 '생각 이름' 활동을 했을 때, 당신은 긍정적으로 바꾸고 싶은 부정적인 생각들, 즉 스스로에 대해서 의구심을 갖게 하는 생각들을 마주했을 것이다. 그런 생각 중 하나를 고르고 잠시 그 생각에 대해 고민해봐라. 종이에 적어보는 것도 좋다. 이제, 그런 생각을 자꾸 하는 것이 삶을 변화시키는데 어떻게 도움이 될지 생각해 보아라. 명백한 정답은 "도움이 되지 않는다"일 것이다. 이번에는 이루고 싶지만 현재 아무것도 진행되지 않은 목표에 대해 생각해 보아라. 그리고 스스로에게 왜 아직 아무런 행동도 하지 않았는지 질문해본 후, 그에 대한 답에 대해 적극적이고 직관적인 듣기를 적용해라. 어떤 생각이 드는가? "나는 할 수 없어"와 같은 부정적인 생각이 드는가? 아니면 "무슨 소용이냐"와 같은 회의감이 드는가? 지금 떠오르는 여러 생각 중에 어떤 생각에 집중하고 있는가? 언제나 기억해야 할 것은 당신은 스스로의 가장 친한 친구라는 점이다. 만약 당신의 친한 친구가 목표를 이루지 못해 힘들어하고 있다면 어떤 말을 해줄 것인가? 당신의 머릿속에 어떤 말들이 돌아다니고 있었든 간에, 이제는 부정적인 말들을 싹 다 지우고 가장 친한 친구가 격려를 해주는 듯한 말들로 마음과 머리를 채워야 한다. 스스로에게 솔직해지는 것도 중요하다. "나는 완벽하진 않지만, 매일 조금씩 나아지고 있어"와 같이 현실적이고 솔직한 생각을 하는 것이 더욱 효과적이기 때문이다. 이런 모든 과정에서, 당신의 내적 코치는 언제나 당신을 무조건적으로 지지하며 당신을 세상의 잣대로 판단하지 않는다는 것을 명심해야 한다.

3) 확언의 힘

확언은 당신이 이루고자 하는 것에 관련한 긍정적인 말이다. 간단하지만 많은 상황에 사용될 수 있는 효과적인 확언은 바로 "나는 할 수 있어! (I can do it!)"이다. 이 말을 계속적으로 반복하면서 무의식에 영향을 주고, 이전에 당신을 구속했던 실수와 실패로부터 해방될 수 있게 되는 것이다. 긍정적인 확언은 인생에 변화를 일으키는데 큰 힘이 되고 그 과정에서 우리의 삶을 지원하고 지지해준다. 어떤 사람들은 매일 아침 일어날 때 마다 긍정의 확언을 50번씩 반복한다고 한다. 이와 똑같이 하라는 것이 아니라, 당신에게 잘 맞는 방법을 찾는 것이 매우 중요하다는 것을 알려주고 싶다. 그러나 긍정의 말을 되뇌는 것으로만 끝나는 것이 아니라 행동으로 이어져야 함을 기억해야 한다. 몸무게가 80킬로그램이지만 60킬로그램이라고 스스로에게 긍정적인 세뇌만 강행하고, 평소에 먹는 양을 줄이거나 운동을 하지 않는다면 몸무게가 실제로 줄어들 일은 절대 없을 것이다. 60킬로그램이 될 수 있다는 믿음을 가지고 긍정적인 확언을 입 밖으로 내뱉되, 식이조절이나 운동과 같은 행동이 수반되어야만 변화가 일어날 수 있다.

4) 긍정적인 증거 찾기

공감하기 쉬운 긍정적 확언을 하나 정했다면, 그 말을 뒷받침해줄 수 있는 증거를 찾아 나서야 한다. 만약 당신의 생활 속에서 이미 잘 하고 있는 것들 중에서만 증거를 찾으려고 한다면 한눈에 찾기가 쉽지 않을 것이다. 사실, 현재 생활에서 잘 되지 않고 있는 부분들을 보는 것이 도움이 될 수도 있다. "~부분을 아직 잘 하진 못하지만 어제보다 나은 걸!"과 같은 사고가 자신감을 형성하고, 그렇게 형성된 자신감이 자신에 대한 믿음으로 이어지기 때문이다. 중간에 여러 고난이 있고, 포기하고 싶더라도 절대 무릎 꿇지 말아야 한다. 한번 형성된 습관은 바꾸기 쉽지 않음을 깨닫고 받아들이면서 견뎌내는 것이 중요한 것이다. 부정적인 생각이 들 때면, 당신의 내적 코치가 "이런 방식으로 생각하는 것이 무슨 도움이 되지?"라는 질문을 던질 수 있도록 함으로써 생각 속 인물 중 나를 해치고 힘들게 하는 부정적인 생각 인물을 없앨 수 있게 됨을 기억하라. 스스로, 부정적인 생각의 볼륨을 낮추고 긍정적인 생각의 볼륨을 높일 수 있도록 코칭하는 것을 반복한다면, 부정적인 생각을 최소화하고 인생의 변화를 만들어 내는 즐거움을 맛볼 수 있을 것이다.

활동 **하루의 도전**

하루 동안 절대 부정적인 말을 하지 않기로 결심해라. 부정적인 말을 한다면, 다시 하루를 잡고 부정적인 말을 하지 않도록 다짐한다. 24시간을 긍정적으로 보낸 뒤, 성공했다면 이틀로, 3일로 점차 늘려 나가자. 긍정적인 언어 습관이 생활화되어 훨씬 스스로를 사랑하고 아끼는 사람이 되어 있을 것이다.

5) 차근차근 단계 밟기

내적 코치는 목표를 명확히 하고, 단계별로 계획을 세우는 것을 통해 목표를 이룰 수 있도록 도와준다. 만약에 당신이 아주 큰 목표를 세운 적이 있다면, 어디서부터 시작해야 될지 감이 오질 않아서 미래를 상상하기조차 힘들었던 경험이 있을 것이다.

그런 상황에서 벌어질 수 있는 최악의 일은, 실패에 대한 두려움 때문에 아예 시작을 하지 않는 것이다. 현재 하고 있는 일에 대한 만족감이 매우 떨어지고 하루하루가 고통이더라도 부양해야 할 가족이 있고, 내야 할 요금이 있기 때문에 사직서를 내지 않는 것이 그 예이다. 변화가 너무 멀리 있는 것만 같고, 현재 나의 눈앞에 보이는 문제들 때문에 한 달을 더 버티고, 일 년을 더 버티면서 그저 삶을 견뎌내게 되는 것이다. 이제는 이러한 모든 한계와 장애물에서 벗어나서 변화를 모색할 때이다. 당신은 현재 있는 그 곳에서 가고 싶은 곳으로 옮겨갈 수 있는 능력이 있다. 마라톤 선수의 걸음도 아기 때 내디뎠던 첫 걸음마에서 시작함을 생각하자. 이미 당신은 앞서 배운 듣기 능력을 향상시키는 것을 통해 그 걸음마를 뗐다. 사회적 의사소통과 내적 대화 속에서 이미 이전과는 다른 방법으로 귀 기울이기를 적용하고 있지 않는가? 그러니 두려워하지 말고 앞으로 나아가자.

5. 중요한 질문

간접적인 코칭은 스스로 무엇이 당신에게 최고인지, 지금 마주하고 있는 문제에 대한 정답이 무엇인지를 알아 낼 수 있도록 격려하고 질문을 던진다. 이 책은 현재 살고 있는 삶이 어떠한 삶인지를 자각하고, 내적 코치가 완전히 형성되기 이전에도 인생에서 원하는 바를 알 수 있게끔, 몇 가지 질문을 던지려고 한다. 당신의 내적 코치가 잘 형성되어 질문을 던지기 시작하면 책에서 제시하는 질문 대신 본인에게 가장 잘 맞춰져 있으며 당신의 직감을 따르는 본인 만의 맞춤형 질문에 대답하면 된다. 이 책의 역할 중 하나는 코칭이 간단하지만 얼마나 중요하고, 큰 영향력을 가지고 있는지 보여주는 것이다. 스스로에 대한 질문 또한 마찬가지이다. 사소한 것에 관심을 가지고 호기심을 가지는 것은 인생의 갈림길에서 큰 영향을 줄 수 있는 질문으로 이어지며, 그 질문에 대한 답은 다른 어느 곳도 아닌, 당신의 마음 속 깊은 곳에 숨어 있다. 오직 당신만이 스스로를 향한 질문의 답을 알 수 있다는 것을 꼭 기억해야 한다.

1) 질문이란 무엇인가?

질문은 생각과 지식을 나눔의 장으로 초대하는 초대장과 같다. 내적 코치가 던지는 질문은 내적 대화를 통해 생각과 정보를 나 자신과 나누는 장의 초대장이라고 할 수 있다. 스스로를 코칭하는 법을 배우는 것은 인생에서 앞으로 나아가게끔 하는 효과적인 질문을 던지는 법과 같다. 이렇게 목표 인생에 조금 더 가까이 가기 위해 효과적인 질문을 생각해내고 답하는 과정에 도움이 되는 것은 바로 본능적인 호기심이다.

"옳은 의사소통은 잴 수 없을 만큼 귀중하다."

2) 얼마나 호기심이 많은 사람인가?

당신은 일을 하다가 멈추고 지금까지 해온 바를 돌아본 적이 있는가? 어떠한 일정한 방식으로 지금까지 일을 해왔다면, 그런 방식을 고수한 이유는 무엇인가? 그저 지금까지 당신이, 혹은 당신의 가족이 그런 방법으로 일을 했기 때문인가? 요즘같이 빠르게 변화하는 세상에서 지금까지 당연하게 여겨 왔던 것들을 새로운 시각으로 볼 필요성이 커지고 있다. 무엇을 이루고 싶은지, 그리고 그 목표를 어떤 방법으로 이루고 싶은지를 스스로에게 물으며 결정하는 것은 때로 새로운 시각을 제시하는데 큰 도움이 되기도 한다. 마음의 소리를 듣는 능력은 창의적이고 색다른 의견을 받아들이고 생각을 하는데 도움이 되는데, 그러한 점에서 적극적 듣기와 효과적인 질문법을 통한 내적 통찰은 언제나 당신의 든든한 지원군이 되어 줄 것이다.

3) 스스로에게 질문하는 법 배우기

스스로에게 질문을 던지는 것은 인생에서 어떤 것을 이루고 싶은지에 대한 결정권을 가질 수 있는 아주 강력한 방법이다. 그 질문에 대한 답이 본인의 내면에 있다는 것과 그 대답을 찾을 수 있는 능력을 스스로 갖고 있다는 믿음은 자존감과 자신에 대한 확신을 키운다. 모든 답을 백 퍼센트 알고 있지는 않겠지만 무엇을 알아야 할지를 깨닫고 찾을 수 있는 방법이 내 자신 안에 있다는 것은 자신감을 심어준다. 내적 코치는 당신이 모든 답을 완벽하게 알고 있다고 믿지 않는다. 다만, 당신이 답을 깨우칠 잠재력이 있다는 것을 믿고 응원할 뿐이다. 지식의 홍수인 21세기에서 우리는 최신 기술이나 지식 전부를 따라갈 수는 없다. 아무도 그럴 수 없을 것이다. 그렇다면 넘쳐나는 기술과 지식을 어떻게 감당할 수 있을까? 한가지 방법은 질문을 할 용기를 얻는 것이다. 만약에 여러 사람들과 대화를 하던 중에 어떤 내용인지 이해할 수가 없거나 전혀 알아들을 수가 없다면, 그냥 가만히 알아듣는 척 하고 있을 것이 아니라 질문을 해야 한다. "혹시, 더 자세히 설명해 주실 수 있나요?"와 같은 효과적인 질문을 던지는 것을 통해서 모든 지식을 습득하고 있지 않더라도 대화 내용을 이해할 수 있을 것이다. 내적인 관계에서도 마찬가지이다. 내가 스스로 어떤 생각을 하는지 갈피를 잡을 수 없다면 잠시 하던 일을 멈추고 스스로에게 질문해야 한다. "혹시, 목표를 구체화할 수 있을까?"

4) 질문의 종류

타인과 일반적인 대화를 나눌 때 뿐 아니라 스스로 내적인 대화를 할 때에도 질문에는 여러 종류가 있음을 알고 있어야 한다. 먼저 질문에는 열린 질문과 닫힌 질문이 있다. 닫힌 질문은 예 혹은 아니오로 대답할 수 있는 질문인 반면, 열린 질문은 예・아니오가 아닌 더 많은 정보를 가지고 대답하여야 한다. "커피 마시러 갈래?" 혹은 "금요일 회의에 오니?"와 같이 yes 혹은 no로 대답할 수 있는 이와 같은 질문을 닫힌 질문이라고 하고, "커피 마시러 어디 갈래?" 혹은 "직장과 여가의 균형을 어떻게 맞출 수 있나요"와 같이 더 깊은 대화를 이끌어내는 질문을 열린 질문이라고 한다. 대화를 시작하고 이어가기에는 열린 질문이 가장 좋다. 닫힌 질문의 경우 예, 아니오로 대답할 수 있기 때문에 긴 대화를 시작하기에는 역부족이기 때문이다. 닫힌 질문은 간단히 빨리 정보를 알 수 있다는 점에서 좋지만 이를 통해 더 자세한 정보를 얻기는 어렵다. 열린 질문의 경우, 많은 정보를 알 수 있는 기회를 주며, 상대방이 하고 싶은 말을 마음껏 하고 듣고 싶은 말을 마음껏 들을 수 있게 한다. 내적 대화의 상황에서 열린 질문은 지금 하려고 하는 일에 대한 동기부여를 하는 역할을 하기도 한다. 예를 들어서, "오늘 헬스장에 가는 것의 이점이 무엇일까?"라는 질문은 헬스장에 가서 얻을 수 있는 좋은 점들을 상기시키고, 이는 동기부여로 연결된다. 그리고 이 질문은 헬스장에 간다는 사실을 전제로 두고 있기 때문에 당신의 결심을 더욱 굳건히 시켜줄 것이다. 이렇게 전제를 두고 있는 질문 또한 질문의 한 종류이다. 코칭은 앞으로 당신이 무엇을 할 것인지, 그리고 언제 목표를 실행할 것인지에 대해 매우 세부적으로 계획하고 생각할 수 있도록 도와준다. 그렇기 때문에 세부적인 생각을 할 수 있도록 이끌어주는 긍정적인 질문들은 매우 중요하다고 할 수 있다. 이미 당신이 어떠한 결심을 했다는 것을 전제로 하고 있는 질문들이 있다. 예를 들어, "언제 방 청소를 할 것인가?"와 같은 질문은 방 청소를 하겠다는 결심을 전제로 두고 있다. 이러한 질문은 결심을 굳건히 할 뿐 아니라 기정사실화함을 통해서 목표를 시각화하는데도 도움을 준다. 세 번째로, 질문의 종류에는 유도 질문이 있다. 유도 질문을 던질 때에는 다른 질문과는 다르게 질문자가 듣고 싶어 하는 특정한 답이 있다는 것을 깨달아야 한다. 이러한 질문은 받는 사람으로 하여금 생각을 하는 능력을 빼앗고 상대방이 원하는 답만을 찾는데 주안점을 둔다. 이런 질문은 코칭의 과정에서는 피해야 하는 질문이다. "엄마가 엄청 화난 것 같아, 그렇지 않니?"와 같이 "응"이라는 특정한 대답을 요구하는 질문은 내적 코치의 질문이 아니다. 하지만 이런 유도 질문은 내적 코치에 의해서 사색적인 질문(reflective question)으로 바뀔 수 있다. 열린 질문의 예시에 해당하는 사색적인 질문은 대답의 한계의 틀에서 벗어나서 스스로가 한 일과 할 일에 대해 생각해 볼 수 있게 한다. 여러 질문 중 정말 인생에서 필요하다고 생각되는 강력한 질문은 말을 하기 두렵거나 변화를 일으키기 어렵다고 느껴지는 상황에서도 그 두려움을 넘어 설 수 있게 한다. 게다가 그런 두려움에서 벗어나서 창의적인 선택지를 만들어 내기 위한 힘과 지지를 주기도 하기 때문에 내적 코칭의 과정에서 긍정적인 역할을 한다고 할 수 있다.

5) 수빈의 예시

수빈은 크리스마스를 준비하면서 점점 스트레스를 받고 있던 상태였다. 그녀는 지금까지 항상 부모님과 함께 크리스마스를 보냈는데, 이번에는 그녀의 남편이 겨울의 햇빛을 쬐러 가고 싶다고 했던 것이다. 좋은 아이디어라고 생각했지만 그녀의 부모님께 못 간다는 말씀을 드리기 전에는 아무것도 예약할 수가 없었다. 그리고 그녀는 혹시 크리스마스를 따로 보내게 되어서 부모님께서 속상해 하시지 않을까 하는 생각에 매일매일 어머니께 연락을 미루고 있던 참이었다. 수빈의 내적 코치는 "부모님께 언제 전화를 드릴 거야?"라는 질문을 계속 던졌다. 이 간단한 질문은 사실, 부모님께 전화를 드리겠다는 결심을 전제로 한다. 이런 전제를 갖고 있는 위의 질문은 그녀로 하여금 결단을 내리고 전화를 하는데 큰 역할을 할 것이다. 이런 질문을 통해 수빈은 부모님께 말씀을 드려야 하나, 말아야 하나를 고민하지 않고 어떤 말로 어떻게 전달해야 할지만 생각하고 고민하면 되는 것이다. 수빈은 계속 고민을 하면서 일년에 부모님을 세 번 밖에 보지 못한다는 것을 깨달았다. 그녀는 자기 자신에게 모두를 만족시킬 수 있는 방법이 무엇일까를 끊임없이 물었고, 일요일 아침에 어머니께 전화를 드리게 되었다. 안부 인사가 끝난 후, 자신의 계획을 쏟아내기 전에 그녀는 부모님께 크리스마스가 어떤 의미를 지니는지를 물어보기로 했다. 그녀의 질문에 어머니는 가족들을 다 볼 수 있어서 좋지만 이번에는 특별한 것을 해보고 싶기도 하다는 답을 하셨고, 수빈은 크리스마스에 해외로 함께 놀러 가는 것이 어떻겠냐는 제안을 했다. 어머니도 좋은 생각이라고 말씀 하셨고, 다행히 수빈은 크리스마스를 가족과 함께 외국에서 새롭게 보내는 해피엔딩을 맞을 수 있었다.

6. 무지의 대면

만약에, 스스로에게 중요한 질문을 던졌다가 아무것도 모르겠다는 결론에 다다른다면 어떻게 해야 할까? 이러한 '모르겠다'라는 생각은 왜 생겨나고, 어떻게 다루어야 하는 걸까? 몇몇 사람들에게 실수는 어떤 비용을 치러서라도 피해야 하는 존재이다. 하지만 아이들을 한번 살펴 보자. 아기가 어떻게 첫 걸음을 떼는 법을 배우는가? 책을 읽고 매뉴얼을 습득하는가? 주변 사람들에게 끊임없이 물어보며 정보를 모은 후에야 발걸음을 떼는가? 아니다. 아이들은 두 발로 걷기 위해서 여러 번 넘어지고 일어나는 것을 반복한 후에야 걸음마를 떼게 된다. 처음 걸음마를 떼더라도 완전히 두 발로 쉽게 걷는 것은 여러 시행착오를 경험하고 난 뒤이다. 걷기 위해 노력하는 과정에서 넘어지는 것이 실수이고, 피해야 하는 것이며, 부끄러운 것이라고 생각하는 아이들은 없다. 아이들이 무엇인가를 생애 처음으로 배우는 방법은 시행착오를 통해서이다. 그들은 언제나 할 수 있다고 생각하는 태도로 도전을 맞이한다.

1) 시도하는 태도 갖기

그렇게 도전적이던 아이들은 점점 자라나면서 한번 해보자는 긍정적인 태도를 가지는 것이 점차 어려워지게 된다. 왜 그런 것일까? 우리는 모두 부모님이나 선생님들의 칭찬을 좋아하고, 이 칭찬을 얻기 위해서 완벽해 지려고 노력한다. 실수나 실패는 그러한 칭찬을 빼앗아 가는 것이기에 피해야 하는 존재가 되는 것이다. 또래 집단에서 인정을 받고 싶어하는 것도 실패를 멀리하는데 영향을 준다. 실수 때문에 친구들에게 놀림을 받는 것은 아주 고통스러운 기억이 될 수 있고, 이렇게 고통스러운 기억은 오랫동안 지속되는 경향이 있기 때문이다. 이러한 이유 때문에 당연히 대부분의 사람들은 성공을 좇으며 실수를 두려워한다. 그러나 우리의 인생에서 변화를 일으키고 앞으로 나아가는데 이렇게 실패를 두려워하고 성공만을 바라보는 태도는 전혀 도움이 되지 않기에 우리는 시도하는 것에 호의적인 태도를 가져야 한다.

2) 실수 허용하기

실패를 허용하는 것은 스스로를 자유롭게 한다. 당신은 부정적인 내적 생각을 조용히 시킬지 말지를 결정할 수 있는 힘이 있다. 이제 내적 코칭을 잘 하기 위해서 부정적인 생각을 저 멀리로 보낼 때가 되었다. 과거에 매우 부정적인 사람이었다고 해도 상관없다. 점점 나이가 들어 가면서 우리는 스스로를 가르치거나 지도해야 할 상황을 자주 만나게 된다. 그럴 때마다 과거는 과거일 뿐이고, 현재와 미래가 더욱 중요한 것임을 스스로에게 계속 상기시키는 것이 중요하다. 당신의 내적 코치의 말에 귀 기울이기 시작해라. 실수를 저질렀을 때 부정적인 생각은 포기하라고 종용하는 반면, 내적 코치는 "이 실수에서 어떤 것을 배울 수 있을까?"와 같이 실패를 성공으로 이끄는 질문을 던진다. 실수를 했다고 해서 스스로를 구박하거나 힘들어하지 말고 얼른 훌훌 털어버린 뒤 실수를 어떻게 성공의 발판으로 만들 것인가를 고민해야 한다.

3) 모른다는 사실 받아들이기

"아무것도 모르겠어"라고 외치는 내적 소리가 점점 커지는 상황에서, 내적 코치는 정말로 중요한 역할을 한다. 하지만 모른다고 해서 책망하거나 판단하는 역할을 하는 것이 아니라, 격려하는 것이 중요함을 깨닫고 응원하는 역할을 한다는 것을 기억해야 한다. 내적 코치는 "만약에 모르는 것을 알고 있었다면 어떤 행동을 할래?"와 같은 질문을 통해서 생각의 물꼬를 트는데 전력을 다한다. 스스로를 코칭할 때는 "네가 모른다면 세상에 어느 누가 알겠어?" 혹은 "대체 어떻게 해야 깨달을까?" 등과 같이 책망하는 말로부터 멀어질 필요가 있다. 무지를 대면하고, 모른다는 사실을 인정하며 생각의 물꼬를 틀 수 있는 질문을 통해 결론을 내리는 것에 결정권을 가지게 된다면 어떤 상황에서든지 자기 자신에 대한 확신과 믿음을 가지고 문제를 대면할 수 있을 것이다.

7. 의심의 대면

내적 질문을 어떻게 의심과 대면하는데 사용할 수 있을까? 첫 번째로, 코칭을 통해 마음속에 추상적으로 떠오르는 것들을 명확히 해야 한다. 변화하는 것으로부터 당신을 멀어지게 하는 감정이 무엇인지 내적 질문을 통해 발견하고 분석하라. "나는 어떤 생각을 하고 있는가?", "무엇 때문에 그렇게 변화를 두려워 하는가"와 같은 질문을 던진 뒤 답을 정리한다면, 머릿속의 생각들은 깔끔하게 정리될 것이다. 당신의 감정과 생각의 갈피를 잡은 후에는 내적 코치와 함께 앞으로 어떤 일을 해 내갈 것인지를 계획해야 한다. 변화를 일으키기 위해서는 생각하고, 명확히 하는 것만으로는 부족하다. 행동이 수반되어야 하는 것이다. 의심은 다음과 같은 방법을 통해서 대면할 수 있다.

첫째, 내적 대화를 열심히 듣고 긍정적인 생각을 한다.
둘째, 한 걸음씩 뗄 수 있는 계획을 세운다.
셋째, 매일매일 한 걸음씩 나아가고 있다는 사실을 인지한다.

1) 자기 자신 믿기

얼마나 자주 "할 수 있을까?" 혹은 "과연, 가능할까?"와 같은 표현을 사용하는가? 이런 단어와 어투의 말은 당신의 잠재력과 능력에 대한 의심이 강하게 깃든 표현으로, 목표를 이루고 변화를 일으키는데 전혀 도움이 되지 않는다. 예를 들어, "우리 과연 시합에서 이길 수 있을까?"라고 묻는 것은 이길 수 있을 것이라는 확신에서 점점 멀어지게 하며, "성공할 수나 있을까?"라는 질문은 성공을 향한 여정을 시작하는 것도 망설이게 한다. 내적 코치와의 협업을 통해 위의 질문들을 "성공 할 수 있어!" 혹은 "당연히 이길 수 있어!"와 같은 긍정적인 말들로 바꾸었을 때 비로소 자신의 잠재력과 능력을 믿고 확신을 가지며 앞으로 나아갈 수 있는 것이다.

2) 단계 밟기

목표를 달성하기 위해 누군가를 이끌어 주기 위해서 코치는 "어떻게 해야 첫 걸음마를 뗄 수 있을까?"를 제일 처음 묻게 된다. 이렇게 최종적인 목표를 이루기 위한 과정을 단계화하는 작업은 커다란 목표를 작은 부분들로 나누어서 현실성을 높여 목표를 이루기 쉽게 만들어 준다. 특히, 세분화된 단계는 그 단계의 일을 본인의 상황에 맞추어 원하는 속도로 조절할 수 있기에 더 효과적이다. 몇 번의 실패와 그를 기반으로 한 성공의 경험을 통해 의심이 옅어지고 확신이 그 자리를 대체한다면 그때의 기분을 잘 느끼고 기억해야 한다. 후에 의심이 다시 찾아올 때 그 기분을 떠올리는 것이 도움이 되기 때문이다.

8. 불안의 대면

1) 실패와 거절에 대한 두려움

두려움은 여러 가지의 원인을 가질 수 있지만 거절과 실패에 대한 두려움은 매우 흔하다. 세상에는 자기 자신에게 한계의 굴레를 씌울 수 있는 여러 가지 방법이 있는데, 그 중 실패에 대한 두려움은 당신이 새롭거나 색다른 것을 시도하게 하는 것을 막는다. 그리고 스스로에게 어떤 말을 해주고, 어떤 생각을 하는지는 이러한 두려움과 관련하여 많은 연관성을 지닌다. 만약 아래와 같은 생각을 한다면 당신은 틀림없이 부정적인 하루를 보낼 것이다.

① 할 수 없어.
② 바보처럼 보일 거야.
③ 멍청한 짓 하는 거야.
④ 사람들이 비웃을 걸?
⑤ 그래서 이제 어쩔 건데?

위의 상황에서, 불안은 '만약에'를 묻는다.

① 만약에 잘못되면 어쩌지?
② 만약에 실패하면 어떡하지?
③ 만약에 내가 완전 엉망진창으로 만들면 어쩌지?

승진 시험을 치고 싶지만 사람들 앞에서 발표를 해야만 하는 상황이라고 상상해보라. 당신은 여러 명의 상사와 직원들 앞에서 발표를 해야 한다는 사실에 너무 당황해서 눈앞에 캄캄해 졌고, 머릿속에서는 다음과 같은 생각이 계속 흘러 나올 것이다.

① 너는 발표를 정말 못하잖아
② 만약에 발표내용을 잊어버리면 어떡하지?
③ 질문에 대답을 못한다면?
④ 사람들이 다 손가락질 하며 웃기 시작할지도 몰라

이런 실패에 대한 두려움과 자신에 대한 불신 때문에 승진을 포기하게 될 수도 있다. 이런 상황 속에서 당신의 내적 코치는 몇 가지의 질문을 던지게 될 것이다.

① 잠깐, 지금 무슨 일이 일어나는 거야?
② 부정적인 생각의 소리를 듣는 것이 나에게 도움이 될까?

자, 이제 당신에게는 선택지가 존재한다. 당신은 앞으로 나아가지 못하게 자꾸 막는 부정적인 내적 대화를 계속 들으며 자괴감을 느낄 수도 있고, 어떤 능력이 필요한지 분석하고 보충하며 인생에서 앞으로 나아갈 수도 있다. 어떤 것을 선택할 것인가?

2) 성공하는 것에 대한 두려움

성공에 대한 두려움 또한 실패에 대한 두려움과 마찬가지로 극복하기 어려운 흔한 두려움이다. "이번 성공은 우연일 뿐이야" 라고 말하는 부정적인 생각뿐 아니라 다음과 같은 질문이 떠오르며 당신은 어떻게 해야 할지 갈피를 잡지 못하게 될 것이다.

첫째, 사람들이 나에게 어떤 것을 더 기대할까?
둘째, 이제 어떤 책임들이 따르게 될까?
셋째, 사람들의 기대를 만족시킬 수 있을까?

내적 코치는 이러한 상황을 긍정적인 내적 대화를 통해 현실 상황에 대해 정확히 분석하고, 장애물을 이겨내고 성공할 수 있는 방법을 모색하는데 중점을 두면 해결할 수 있다고 얘기한다. 즉, 당신의 생각이 자꾸만 의심을 불러일으킬 때 내적 코치가 더 긍정적인 방법으로 상황을 바라 볼 수 있도록 지도해줄 수 있다는 것이다. 예를 들어서, "발표 내용을 잊어버리면 어쩌지?"라는 질문을 "어떻게 하면 발표내용을 잊어버리지 않을 수 있을까?"로 바꿀 수 있다는 말이다. 당신은 이런 발표에 대한 두려움을 이겨내기 위해 수없이 리허설을 하는 것을 해답으로 채택할 수도 있고, 기억할 수 있는 여러 요소들을 사용하며 아주 꼼꼼히 준비하는 방법을 택할 수도 있다. 이와 마찬가지로, "질문에 대답을 못하면 어떡하지?”를 “잘 모르는 질문이 들어왔을 때 어떤 말을 해야 시간을 벌 수 있을까?”로 바꿀 수 있는 것이 내적 코치이다. 당신이 모든 답을 당장 다 알고 있기를 바라는 사람은 없다. 만약 질문에 대한 답을 알지 못한다면 아는 체 하다가 들통나는 것 보다 솔직하게 지금은 알지 못하지만 알아가겠다는 다짐을 주는 것이 훨씬 낫다. 솔직한 것, 알아내는 것, 그리고 빨리 대응하는 것이 사람들에게 더 큰 임팩트를 주는 행동이라는 것을 기억해야 한다.

3) 실패와 성공 이겨내기

당신의 내적 코치는 머릿속에서 계속되고 있는 여러 생각이나 상황을 몇 개의 질문으로 완전히 바꿀 수 있다. “이것과 비슷한 일을 성공했던 경험이 있니?” 혹은 “할 수 있지 않겠어?”와 같은 질문은 부정적이던 생각의 흐름을 끊고 긍정으로 변화시킬 수 있기 때문이다. 몇몇 사람들은 할 수 없다는 생각의 볼륨을 너무 크게 키워 놓아서 할 수 있다는 생각을 듣지 못하기도 한다. 혹시 당신이 이런 사람들 중 한 명이 아닐까 걱정된다면 스스로에게 아래의 질문을 물어보라.

첫째, 나는 실패를 받아들일 수 있는가? 만약, 이 질문에 그러하다고 대답한다면 시도의 첫 발판을 닦은 것이라고 할 수 있다.

둘째, 나는 성공을 받아들일 수 있는가? 만약, 이 질문에 그러하다고 대답한다면 발전할 씨앗을 가지고 있다고 할 수 있다.

성공을 계획하고 목표할 때는 "스스로가 어떻게 하면 성공할 수 있을 것이라고 믿는가?", "사람들이 주변에서 성공한 것을 축하한다며 박수치는 모습을 상상할 수 있는가?" 혹은 "성공 한다고 가정했을 때, 어떤 기분을 느낄 것 같은가?"와 같이 성공한 후의 모습을 자세히 그릴 수 있는 질문을 계속적으로 던지는 것 또한 매우 중요하다

승현의 예시

승현은 이전에도 금연을 하려고 노력한 적이 여러 번 있었다. 하지만 매 시도 마다, 그는 2주 정도가 지나면 의지가 약해졌고, 친구들과 함께 할 때면 더욱 흔들렸다. 친구들은 자꾸 그에게 담배를 권했고 그런 끊임없는 유혹에 승현은 담배를 다시 물곤 했던 것이다. 이제 그는 다시 또 실패를 할지도 모른다는 생각에 금연하는 것 자체를 꺼려하는 지경에 이르렀다. 이전에 금연을 포기할 때 마다 내적 자아가 자꾸만 "너는 한심해!"라며 소리를 쳤기 때문이다. 어느 날 승현은 코칭에 대한 책을 한 권 읽게 되었고, 새로운 세계가 열렸다. 그는 무엇이 그가 금연하는 것을 실패하게 하는지 파악하지 못하고 있었다는 사실을 깨달았다. 그리고 이번에는 마음의 소리를 객관적으로 듣겠다고 다짐했다. 그런 뒤 처음으로 그는

"할 수 있어!"라고 스스로를 믿는 생각을 듣게 되었다. 승현은 본인의 생각을 하나하나 분석해보기로 했다.

<table>
<tr><th>내적 코치</th><th>승현</th></tr>
<tr><td>담배를 끊어야만 한다는 생각은 어디서부터 비롯되는 것 같니?</td><td></td></tr>
<tr><td colspan="2">확실히 어디서 비롯되는지는 몰라도, 외부인 것은 확실하다.</td></tr>
<tr><td></td><td>담배가 좋지 않은 것은 알지만, 그 사실이 담배를 완전히 끊게 할 만큼 강력하진 않은 것 같아요.</td></tr>
<tr><td colspan="2">승현은 스스로 금연을 하겠다는 결심을 하지 않은 상태이다. 담배를 '끊게 하다'라는 말 자체가 금연이 외적 동기로부터 시작된다는 것을 보여준다.</td></tr>
<tr><td>승현아, 흡연자가 되고 싶니 비흡연자가 되고 싶니?</td><td></td></tr>
<tr><td colspan="2">승현은 흡연자와 비흡연자의 카테고리로 금연을 생각해 본적이 없었기에 당황한다.</td></tr>
<tr><td></td><td>정말 비흡연자가 되고 싶어요.</td></tr>
<tr><td colspan="2">스스로가 흡연자가 될지, 비흡연자가 될지 선택할 수 있는 힘이 있다는 사실을 깨닫고 내적인 동기가 생긴다.</td></tr>
<tr><td>비흡연자가 된다면 무엇을 할래?</td><td></td></tr>
<tr><td></td><td>저는 돈을 열심히 모아서 차를 살래요.</td></tr>
<tr><td>그게 어떤 의미를 지니니?</td><td></td></tr>
<tr><td></td><td>여자친구를 더 자주 볼 수 있겠죠. 돈을 낭비하지 않을 테니까 주말에도 좀 쉴 수 있을 것 같아요.</td></tr>
</table>

내적 코치	승현
정말 좋을 것 같은데 왜 망설이는 거야?	
승현은 지금까지 해왔던 스스로에 대한 부정적인 생각을 떠올렸다.	
비흡연자가 되면 무엇을 제일 먼저 할래?	
	있는 담배를 모두 갖다 버려야죠.
좋아. 비흡연자가 되는데 어떤 장애물이 있을 수 있을까?	
	밖에서 술을 마실 때 담배를 많이 피우는 것 같아요. 친구들이 다 담배를 피우거든요.
어떻게 극복할 수 있을까?	
	흡연자가 되거나 비흡연자가 되는 건 친구들이 아닌 제 자신의 선택이라는 걸 기억할 거에요. 지금 결정한 대로, 담배를 끊어서 차를 사고 더 행복한 생활을 꼭 할거에요.

승현은 부정적인 생각의 소리는 듣지 않고, 내적 코치의 소리만을 듣기로 했고, 내적 코치는 금연의 시작단계부터 끝까지 그를 응원해 주었다. 그를 포기하게 하려는 부정적인 생각과 친구들의 유혹을 떨치려고 노력했고, 친구들도 그가 진지하게 금연하고 싶어 한다는 것을 알게 되자 모두 응원해주었다. 그 덕에 승현은 비흡연자가 된지 6개월이 지났다. 이제 차를 살 돈도 많이 모였고, 여자친구와 관계도 좋아졌다. 비흡연자인 그녀는 승현이 담배를 끊고 자신과 더 많은 시간을 쓴다는 사실에 감사했다. 승현은 강인한 마음으로 결단을 내리고 시행한다면 아무것도 장애물이 될 수 없다는 것을 깨달았다.

9. 명확성의 원리

코치는 '왜'로 시작되는 질문을 특별한 상황이 아니라면 잘 쓰지 않는다. 스스로를 옹호하거나, 본인의 결정을 뒷받침할 수 있는 생각을 끄집어 내야 하는 상황을 만들어 내기 쉽기 때문이다. 예를 들어, "그 때 왜 그 일을 하지 않았니?"라는 질문은 당신이 앞으로 나아갈 시간에 '그 때'라는 과거에 묶어 둔다. 이와 반대로, '어떤' 혹은 '어떻게'로 시작되는 질문이 훨씬 더 유용한 대화나 생각을 이끌어 낼 수 있다. 예를 들어, "어떤 일이 지금 너를 망설이게 하는 것 같니?"와 같은 질문은 지금 맞닥뜨린 문제를 해결하고 앞으로 나아가는데 도움을 준다. 스스로에게 아무런 가치 판단없이 무엇이 장애물이 되고 있는지를 분석하고 파악하는 것은 매우 중요하다. 사실 이러한 분석 과정에서 목표를 이루는데 실패하는 이유로 자주 등장하는 이유로는 '명확성 부족'이 있다. 지금 하는 일이 무엇인지, 대체 목표가 정확히 무엇인지 알지 못해서 하기 싫고 길을 잃는 경우가 많다는 것이다. 그렇기 때문에 우리는 변화를 일으키기 전에 먼저, 어떤 변화를 일으키고 싶은지에 대해 명확한 그림을 그릴 수 있어야 한다. 모호하게 설명된 모호한 목표는 에너지를 집중시키거나 그에 걸맞은 계획을 짜기에 절대 적합하지 않다. 스스로가 진정으로 원하는 것이 무엇인지를 알기 위해 시간을 가지는 것은 시간 낭비가 절대 아니기 때문에 목표에 대한 질문이 많아질수록 명확히 할 기회가,

즉 목표를 성취할 수 있는 가능성이 더 높아진다고 할 수 있다.

"스스로에게 솔직히 대답하라!"

1) 성공을 위해 노력하기

처음에는 변화에 익숙해질 수 있게 큰 변화를 필요로 하지 않는 목표를 설정하는 것을 추천한다. 다음은 그 예시이다.

첫째, 결과적으로 운동을 더 하기 위해서 먼저 자리에서 일어날 때 마다 스트레칭을 하는 것을 목표로 삼아라.
둘째, 아침에 허비하는 시간을 줄이기 위해서 다음날 입을 옷을 잠들기 전에 정해 놓아라.
셋째, 직장에서 물을 더 많이 마시고 커피를 줄여라.

목표를 달성할 때까지 아래의 질문을 끊임없이 묻고 답하라.

첫째, 생활 속에서 목표와 가까워지는 선택을 했는가?
둘째, 목표를 달성하기 위해서 어떤 일을 해야 하는가?
셋째, 누군가의 격려가 필요하다면 누구에게 도움을 요청할 것인가?
넷째, 그들에게 언제, 그리고 무엇을 얘기할 것인가?
다섯째, 어떤 장애물에 봉착하였는가?
여섯째, 이 장애물을 어떻게 이겨낼 것인가?

이 책을 통해서 계속 내적 코칭을 강화하면서 당신은 아마 당신 스스로에 대해서 더 많은 것을 알게 될 것이다. 그리고 그런 새로운 사실들은 변화를 일으키고 목표를 달성하는데 도움이 될 것임을 확신한다.

2) 올바른 의사소통의 중요성

이 책이 전달하고자 하는 바 중 하나는 스스로와의 대화가 얼마나 당신에게 자신감을 주는지를 아는 것이다. 코칭의 배경에 있는 철학은 당신의 천성적인 능력을 존중하고 이미 존재하는 그런 능력들을 통해 목표를 이룰 수 있는 기회를 주는 것이기 때문에, 당신이 이미 목표를 달성하기 위해 필요한 모든 능력을 다 갖추었다는 것을 일깨워준다. 이 책을 읽은 누구나 모두, 앞서 이야기 했던 듣기 능력을 잘 사용하여 내적 대화를 성공적으로 이끌어 내고, 작은 도전을 실천함을 통해 큰 그림을 명확히 한다면 인생에도 큰 변화를 불러 일으킬 수 있을 것이라고 믿는다.

10. 단어의 힘

당신이 일상생활에서 사용하는 단어나 문구들은 당신이 어떤 삶을 살고 있는지에 대한 이미지를 갖는지, 어떤 삶을 살 수 있는지 그리고 스스로의 잠재력이 얼마나 된다고 믿는지에 큰 영향을 미친다. 특히, 아주 자주 사용하는 단어들이라면 더 큰 영향력을 가지고 있다고 할 수 있다. 당신이 사용하는 단어를 매번 가장 크게 듣는 사람은 자기 자신이라는 것을 기억해라. 말의 힘을 인지하는 것은 당신이 무엇이 되고 싶은지, 무엇을 하고 싶은지, 그리고 인생에서 가장 중시하는 가치가 무엇인지와 같은 것들을 명확히 한다. 평소에 사용하는 몇 개의 단어를 바꾸는 것만으로도 생활, 더 크게는 인생에서 아주 많은 변화를 일으킬 수 있다. 당신의 삶이 아래와 같은 질문들에 많은 영향을 받는지 생각해 보라.

첫째, 어떤 사람이 되어야 한다고 '생각'하는가?
둘째, '누가' 당신이 어떤 행동을 했으면 하는가?
셋째, '성공한 것'처럼 보이기 위해서 '의무적으로' 어떤 일들을 해야 한다고 생각하는가?

만약에 당신이 이러한 질문에서 제시하는 것과 같은 외적 요인에 많은 영향을 받으며 지낸다면 이 책을 더 읽고 코칭을 더 하기 전에 스스로에게 질문을 던져야 한다. 어떻게 하면 스스로의 인생을 마음대로 이끌어 갈 수 있을까?

1) 자신의 힘을 포기하는 것

코칭은 삶의 주인이 당신이라는 사실과 당신이 원하는 것이 무엇인지를 알고자 하는 의지가 있다는 사실을 전제로 두었을 때 일어날 수 있다. 만약에 당신이 인생의 순간 순간 마다 다른 사람에게 결정권을 양도하고, 스스로가 원하는 삶이 아닌, 타인이 원하는 삶을 살아간다면 어떻게 본인의 목표를 이루지 못했다고 좌절하고 슬퍼할 수 있겠는가? 당신은 언제, 그리고 누구에게 당신은 당신의 삶에 대한 권한을 타인에게 양도하곤 하는가? 그렇게 삶의 권한을 양도하면서 얻는 것이 무엇인가? 그리고 삶의 권한을 양도하면서 잃는 것은 무엇인가?

삶의 여러 결정권을 타인에게 양도하는 것은 결정에 대한 책임감을 덜 느끼게 하는 요인이 될 수 있다. 스스로가 내린 결정이 아니기 때문에 그 결정의 결과에, 특히 그 결과가 좋지 않을 때, 별 책임감을 느낄 필요가 없다는 것이다. 대신에 당신은 그 결정을 대신 내려준 사람을 책망할 것이다. 이렇게 책임을 떠넘기는 것은 일종의 방어기제로 작용하고, 복잡하고 실패가 많은 삶에서 아주 쉽게 살아남는 방법이 될 수도 있지만 당신의 자존감을 하락시키고 잠재력을 줄이는 만큼 그 부작용은 매우 크다고 할 수 있다.

2) 작은 단어, 큰 효과

만약 당신이 "요즘 어떻게 지내요?"라는 질문을 받았을 때 "나쁘지 않아요~"라고 대답한다면, 요즘 생활이 "좋지도 않다"는 말을 한 것과 동일하다고 볼 수 있다. 이렇게 아무 생각 없이 "나쁘지 않다"라고 말 하는 것이 삶이 만족도를 떨어트리는데 영향을 줄 수 있다. 다른 예시로, 만약에 누군가가 당신에게 "오늘 좀 예뻐 보이네요" 라고 말을 했을 때, 그 문장 속에 숨겨져 있는 '좀'이라는 한 글자가 "평소엔 예쁘지 않나 보다"라는 생각을 불러일으켜 자존감을 떨어뜨릴 수도 있는 것이다. 우리는 "이 일을 해야만 해"와 같이 의무적인 일을 하고 있다는 뜻을 내포하는 문장이 끼칠 수 있는 큰 영향을 알지 못한 채 아주 자주 사용하곤 한다. 어떠한 일을 하는데 내적인 동기가 아닌 외적인 요인을 끌어들이게 되면, 자신의 의지와 상관없이 그 일을 해야만 해서 하고 있는 자기 자신을 불쌍하게 여기게 되고, 그 일에 대해 부정적인 생각을 점점 더 하게 된다. 그러나 지금 당신이 하고 있는 일을 성공하기 위해서는 가지고 있는 모든 긍정적인 에너지를 쏟아 붓기만 해도 바쁘기에 자기 자신에 대한 끝없는 부정적인 생각은 해가 될 뿐, 절대 도움이 되지 않는다. 모든 활동이 다 재미있을 수는 없고, 모든 일이 다 흥미로울 수는 없다. 하지만 재미없고 흥미롭지 않더라도 해야 하는 일이 존재한다. 이런 일을 할 때 어떻게 접근하느냐를 달리 함으로써 그 일에 대한 태도를 바꿀 수 있으며 당신의 기분과 감정 또한 변화시킬 수 있다. 당신의 내적 코치는 당신을 긍정적인 말을 하는 사람이 될 수 있도록 이끌 것이다. 지루한 일을 할 때에도 불평 불만만 하지 않고 한 스푼의 재미를 얹는다면 훨씬 더 행복한 삶을 살 수 있을 것이다.

예나의 예시

예나는 주말을 정말 싫어했다. 주말 마다 주중에 일하느라 미뤄놓은 집안일을 모두 해야 했기 때문이다. 지친 몸을 이끌고 집안일을 해야 한다는 사실이 너무나 끔찍해서 그녀는 토요일 오전 내내, 침대에서 불평만 계속 하다가 침대에서 겨우겨우 일어나면, 잠옷을 갈아 입지도 않은 채 텔레비전 앞에 앉아 과자와 초콜릿을 먹으며 집안일을 해야 하는 현실을 부정했다. 예나는 주중에 열심히 일을 했으니, 이 정도의 여유는 가져도 괜찮을 것이라고 생각했다. 저녁 즈음이 되어서 그녀는 이전보다 더 엉망이 되어버린 집과 텅 빈 냉장고를 보며 자괴감을 느꼈고, 후회했다. 그럼에도 불구하고, 일요일도 비슷한 패턴의 하루가 흘러갔다. 아래는 코칭이 어떻게 예나를 도와 주었는지를 보여준다.

내적 코치	예나
왜 주말을 싫어하니?	
	집안일을 해야 하니까요.
해야 '하니까'?	.
	뭐, 집이 너무 더러우니까 설거지도 하고 청소도 해야죠. 냉장고도 채워 둬야 먹을 것도 있구요.

<table>
<tr><th>내적 코치</th><th>예나</th></tr>
<tr><td>집안일을 하지 않는다면 주말에 어떤 활동을 하고 싶니?</td><td></td></tr>
<tr><td></td><td>하고 싶은 일을 하면서 보내고 싶어요.</td></tr>
<tr><td>어떤 활동을 좋아해?</td><td></td></tr>
<tr><td></td><td>친구들도 만나고, 쇼핑도 하고, 맥주 한 잔 하며 영화도 보고 싶어요.</td></tr>
<tr><td>그럼 현재 무엇 때문에 그런 일을 못하고 있는 거야?</td><td></td></tr>
<tr><td colspan="2">이 시점에서 예나는 주말에 친구들을 만날 수도 있고, 하고 싶었던 일들을 할 수도 있으나 집이 더럽고 청소를 해야 한다는 사실 때문에 안하고 있음을 깨달았다.</td></tr>
<tr><td>집이 어땠으면 좋겠어?</td><td></td></tr>
<tr><td></td><td>굳이 주말과 같은 여유시간을 쏟아 붓지 않아도 깨끗하고 정리정돈이 잘 되었으면 좋겠어요.</td></tr>
<tr><td>'깨끗하다'는 것이 뭐니?</td><td></td></tr>
<tr><td></td><td>화장실과 부엌이 깨끗한 것, 방에 널브러져 있는 옷들을 걸어놓는 것, 책상 위의 컵과 접시를 치우는 것이요. 그리고 청소기도 돌리고, 먼지도 털구요. 거창한 건 아니고, 그냥 기분이 좋을 만큼만 깨끗했으면 좋겠어요.</td></tr>
</table>

내적 코치	예나
또 꼭 해야 할 일이 있니?	
	음식을 좀 사고, 빨래를 해야죠.
코치는 예나가 말한 일들을 리스트로 작성하였고, 예나는 이런 일들을 매주 해야 한다는 것을 인정했다. 그리고 이 리스트가 길지 않음을 인지했다.	
언제 이런 일들을 하는 게 좋을까?	
	여유 시간이 될 때요. 주말이나, 평소에 조금씩 하는 것도 좋을 것 같아요.

이 시점에서 예나는 할 일이 엄청나게 많지는 않다는 것을 깨달았을 뿐 아니라, 매일매일 조금씩 한다면 주말에 자기 자신을 위해서 쓸 시간이 더 많아질 수 있을 것이라는 사실을 인지했다. 예나가 가지고 있었던 문제점들은 집안일에 대한 태도를 조금 바꾸고, 언제 그런 일들을 할지를 정리하고 조정하는 것을 통해 해결할 수 있었던 것이다. 예나가 주말을 즐겁게 보내기 위해서 해야 하는 일의 리스트를 명확히 한 뒤부터는 그 일 중에서 주중에도 해결할 수 있는 일들을 미리 하면서 주말에 더 많은 시간을 낼 수 있게 되었다. 집 청소가 점차 예나에게 집안 일보다는 만족감을 주는 일로 바뀌면서 그녀는 집을 꾸미기 위해 꽃을 사기도 하고, 친구들을 저녁식사에 초대하기도 하였고, 이를 통해 이전의 '주말 혐오증'을 극복할 수 있게 되었다.

"어떤 태도를 보일 것인지를 스스로 결정하라!"

3) 강조하는 것 옮기기

예나의 예시에서 볼 수 있듯이, 예나의 내적 코치는 그녀가 주말을 왜 싫어하는 지를 명확히 하는 간단한 질문들을 던졌다. 코치는 예나가 어떤 말을 하는지 잘 들어주었고, 그녀가 집안일을 '해야만 하는 일'이라고 설명하는 것을 보고 그 의미를 명확히 하는데 중점을 두었다. 해야만 하는 일이지만 그 일의 긍정적인 면에 초점을 둠으로써, 어떤 일을 해야 하는 지와 어떤 일을 하고 싶은지에 대해 명확성을 얻게 되었고, 그런 일들을 리스트로 만들어서 너무 추상적이기만 했던 일들을 구체화하였다. 그리고 이런 명확화와 구체화를 통해 예나가 본인의 삶에 대해 가지는 태도를 스스로 선택하고 결정 할 수 있도록 도와주었다. 예나가 "집안일을 해야만 한다"라고 이야기 하는 것은 그녀에게 전혀 도움이 되지 않았다. 그저 주말에 해야 하는 것은 집안일이고 의무적이라는 것을 계속 상기시킬 뿐이었다. 예나는 내적 코칭의 과정에서 스스로가 깨끗한 환경에서 살고 싶어 한다는 사실을 인지하면서 집안일이 의무가 아니라 본인의 선택임을 인정하였고, 그렇게 자신의 주말에 대한 통제권을 다시 잡음으로써 인생의 주도권을 쥘 수 있게 되었다. 당신이 만약 하기 싫어하는 일이 있다면 왜 그 일을 싫어하는 지와 왜 싫어하면서도 해야 하는지를 명확히 하여 태도를 긍정적으로 변화시켜야 한다. 이와 같이, 내적 코칭을 통해서 삶의 주도권을 찾고 당신이 원하는 대로 살 수 있게 되는 것이다.

4) 통제력 얻기

당신의 내적 코치는 당신을 완전히 지지한다. 하지만 완전한 지지는 스스로의 인생에 대해 주도권을 쥘 수 있도록 도와주는 것 포함한다. 그렇기 때문에 내적 코치는 당신이 마주하고 싶지 않은 문제들을 마주하게 하는데, 그러한 과정이 결코 쉽지만은 않을 것이다. 하지만 코칭의 과정을 통해 삶의 통제권을 찾을 수 있고 더 만족스러운 삶을 살 수 있다는 사실을 기억하며 스스로를 응원해야 한다.

활동 선택하기

다음과 같은 문장을 들을 수 있는 상황을 상상해 보라.

- ~해야만 한다
- ~할 수 밖에 없다
- ~하는 것은 의무이다

예를 들어, 이런 말을 하는 상황이 있을 것이다.

- 나는 어머니를 찾아 봬야만 해.
- 차를 청소해야만 해.
- 전화가 올 때 마다 받는 것은 의무이다.
- 나는 살을 뺄 수 밖에 없다.

이런 상황에서, 사용하는 단어를 '~해야만 한다'가 아닌 '~하고 싶다'로 바꿔보라. 어떤 기분이 드는가? 당신에게 선택권이 주어져 있고, 지금 하는 행동이 당신의 선택에 의한 것이라는 것이라면 더 즐겁지 않겠는가?

종우의 예시

종우는 매사에 불평 불만이 가득한 어머니를 찾아 뵙는 것을 매번 미루고 있었다. 어머니의 부정적인 말들을 듣다 보면 기분이 안 좋아지기 때문일 뿐만 아니라 꽤 멀리 살고 계시는 어머니를 뵙고 오면 일요일 하루가 거의 다 지나가기 때문이기도 했다. 그러나 몇 달 동안이나 찾아뵙지 않다 보니 점점 죄책감이 들었다. 어머니가 혼자가 되신 지 얼마 되지 않았기에 많이 우울해 하신다는 것을 알기 때문에 더 그러했다. 종우는 먼저 다가오는 일요일에는 어머니를 찾아 뵙는 것을 '선택 하겠다'고 생각하기로 했다. 의무적으로 찾아가는 것이 아니라, 의지를 가지고 스스로의 선택에 의해 어머니를 뵙겠다는 말을 함으로써 태도를 긍정적으로 바꾸기 위함이었다. 그는 드디어 어머니를 방문하겠다는 결정을 내렸다는 것이 만족스러웠다. 두 번째로 종우가 한 일은 어떻게 하면 어머니와 좋은 시간을 보낼 수 있을까를 고민하는 것이었다. 종우는 어머니가 정원을 가꾸는 것을 좋아한다는 것을 생각해냈고, 집 근처의 꽃집에서 예쁜 꽃을 사서 어머니를 뵈러 갔다. 종우와 어머니는 새로운 꽃을 화단에 옮겨 심고, 그에 대한 많은 이야기들을 나누며 정말 좋은 시간을 보낼 수 있었다. 어머니와의 하루를 보내고 집으로 돌아오면서 종우는 죄책감을 느끼던 것을 해결하였기에 속이 시원했고, 어머니가 좋아하시는 바를 기억해 내어 재미있는 시간을 보냈기에 뿌듯했다. 그는 지금까지 어머니 댁을 방문하지 않는 것이 불만이 많은 어머니 때문이라고 생각했었는데 본인의 망설임과 즐거울 수 있는 방법을 모색하지 않음 때문이라는 것을 깨달았다. 종우는 이렇게 태도를 바꾸자 결과에 변화가 일어나는 것을 보고 평소에 회의감을 느끼거나 귀찮아 했던 삶의 다른 부분에도 내적 코칭을 통해 변화를 모색해보기로 마음을 먹었다.

5) 지루한 일 재미있게 하기

지금 하고 있는 일 중 가장 지루한 일에 당신의 내적 코치가 재미라는 양념을 뿌릴 수 있도록 허락한다면 어떤 일이든 간에 조금이라도 더 즐겁게 할 수 있는 방법을 찾을 수 있을 것이다. 지루한 일을 부분으로 나누어 최소화한다거나, 좋아하는 노래나 라디오를 들으며 짜증을 줄여보는 것도 하나의 방법이다. 어떤 방법을 생각해내든, 지루한 일을 하게 되었다며 불평하고 불만을 표출하기 보다 어떻게 하면 좀 더 행복하게 일을 할 수 있을까를 생각하며 초점을 두는 것이 좋다.

6) 극단적인 단어

'절대' 혹은 '항상'과 같이 극단적인 단어(extreme languages)가 당신의 자기 효능감과 자신감에 주는 영향을 생각해보라. 앞에서 설명했던 목표를 시각화하는 과정에서 당신이 '절대'라는 단어를 부정적으로 사용하는 것을 듣게 된다면, 좌절하거나 포기하기가 쉬울 것이다. 그렇기 때문에 아주 극단적인 단어를 사용하는 것은 지양해야 하며, 그런 단어를 썼을 때 내적 코칭을 통해 자신감이 저하되는 것을 방지해야 한다. 예를 들어보자.

내적 코치	당신
	나는 이 일을 절대 하지 않을 거에요.
절대?	
	절대..는 아닐 수도 있겠죠.
그래. 그러면, 너의 목표에 한 발짝 더 다가가기 위해서는 지금 어떤 일을 해야 할까?	
	그런데 저는 항상 일을 망쳐버려요.
항상?	
	뭐, 거의 항상이요.
'망치지 않은 적'이 있긴 있다는 말이지?	
	네, 그런 것 같아요.
언제 일을 망치지 않았어? 그때를 조금 자세히 설명해 볼래?	

스스로와 현실에 대해 극단적인 평가를 내리기 전에 내적 코치가 하는 질문들에 귀를 기울인다면 그렇게 극단적이지 않은 실상을 알 수 있을 것이다. 가장 좋은 것은 극단적으로 부정적인 단어를 쓰지 않는 것이지만 만약 그것이 힘들다면, 내적 코치의 말을 귀 기울여 들으면서 자존감이 낮아지는 것을 방지하는 것이 중요하다.

11. 마주한 한계

만약에 당신이 계속 극단적인 단어를 사용하며 스스로의 잠재력의 한계를 느낀다면 잠시 시간을 가지고 스스로를 되돌아보라. 그 시간 동안, 당신의 극단적으로 부정적인 표현을 반증할 수 있는 증거를 찾아서 그러한 표현이 옳지 않다는 것을 스스로에게 인지시켜야 한다. 부정적인 표현을 점차 반증하면서 어떤 기분을 느꼈는가? 다음의 질문을 스스로에게 던져보아라.

① 부정적인 표현을 반증하는 증거를 찾을 때, 그것을 잘 받아들이는가 아니면 마음 속에서 '그렇긴 한데..'와 같은 표현이 나오며 그런 증거들을 받아들이는데 어려움을 겪는가?
② 만약 반증하는 증거를 저항한다면, 어떤 생각이 머릿속을 지배하고 있는가?
③ 그 증거를 받아들이지 않음으로 인해서 얻는 이익이 있는가?
④ 저항을 어떻게 다룰 것인가?
⑤ 나의 확신과 자기 효능감을 증진시키기 위해서 어떻게 행동해야 한다고 생각하는가?

당신이 듣게 되는 스스로에 대한 부정적인 말들은 당신이 행복하고 만족스러운 삶을 사는데 전혀 도움이 되지 않는다. 어떤 결과를 불러일으키든, 당신이 내린 결정은 당신의 선택을 통한 것임을 명심해야 한다.

1) 믿음의 근원

한 개인이 가지고 있는 스스로에 대한 믿음은 어린 시절부터 시작된다. 어릴 적에는 모든 것이 가능하며 자신이 모든 것을 할 수 있다고 믿지만, 점점 나이가 들면서 여러 실패를 겪게 되고, 자신감이 저하되는 것이다. 사실, 모든 아이들은 누군가가 그들이 멍청하다고 말하기 전까지는 모두 천재이다. 시간이 흘러 갓난아이가 학생이 되면서 그들은 자신에 대한 긍정적인 평가 보다는 부정적인 말들을 많이 듣게 된다. 청소년기에는 학교에서, 유년기에는 가정에서 부정적인 단어의 사용을 많이 접하게 되는데, 부모님들이 아이들에게 '하지마' 혹은 '아니야'라는 말들을 자주 사용하는 것이 그 예 중 하나이다. 사실, 차가 많은 곳에서 아이들이 뛰어다닌다면 그들을 멈추기 위해서 부모님은 '뛰지 마'라는 말을 할 수 밖에 없을 것이고, 아이들이 불에 너무 가까이 가는 상황에서 부모님들은 "가까이 가면 안돼"라고 할 수 밖에 없다. 이러한 단어들이 아이들이 육체적으로 넘어지거나 불에 데이지 않을 수 있도록 해주는 것 또한 사실이다. 부정적인 단어를 사용하는 것의 대체 방안으로는, 논리적인 긴 대화를 하는 방법이 있다. 하지만 부모님의 길고 긴 설명이 끝난 시간에는 이미 아이들이 다쳤을 수도 있고, 긴 대화 속에서 집중력이 흐트러져서 부모님이 무슨 말을 한 것인지 기억하지 못할 수도 있을 것이다. 그렇기 때문에 우리의 삶에서 '안돼'라는 단어를 많이 듣는 것은 전혀 이상하지 않으며 심지어 어쩔 수 없는 것이라고 할 수도 있다. 하지만 이러한 부정적인 단어의 사용은 아이들이 스스로의 잠재력을 믿지 않게 한다. 스스로에게 잠재 되어있는 능력을 부정하는 표현을 어른이 되어서도 계속적으로 사용하고 듣는다면 그러한 말들은 삶에 큰 영향을 주게 될 것이고 그로 인해 문제가 발생할 수도 있다. 부정적인 말들로 인해 강화된 부정적인 생각은 부정적인 태도를 만들어 내고, 그런 태도는 실패를 불러 일으키기 때문이다. 스스로가 할 수 있음을 믿고 긍정적인 태도로 앞으로 나아가야 하는데 그렇지 못하게 막는 장애물이 되는 것이다. 지금이라도 늦지 않았다. 이제는 부정적인 말과 생각을 줄이는 것을 통해서 태도를 변화시키지 않으면 안 된다.

2) 믿음의 한계 마주하기

만약에 당신이 자신에 대해서 부정적이거나 자신의 잠재력의 한계를 자꾸 시험하는 생각을 한다면 먼저 해야 할 일은 그 사실을 인정하는 것이다. 자꾸만 좋지 않은 생각이 떠오른 다는 것을 인지해야만 그 생각을 없앨 수 있기 때문이다. 시드니 대학의 앤토니 그랜트 교수는 변화의 심리학에 대해서 이야기 할 때 변화에 대해 생각할 시간을 가지고, 그 변화를 받아들이고, 변화를 자연스럽게 대하는 것이 중요하다고 이야기 한다. 이러한 사실을 고려하여, 잠재력의 한계를 시험하는 것은 변화를 일으키고 받아들이는 데 아무런 도움이 되지 않는다는 것을 깨닫고 그런 생각을 최소한으로 하려고 노력해야 한다.

3) 스스로에 대한 믿음 찾아보기

당신은 자기 자신도 모르게 스스로에 대해 부정적인 생각을 하고 있다는 사실을 아는가? 만약에 알고 있다면, 자세히 어떤 부정적인 생각을 하고 있는지 설명할 수 있는가? 현실에서 그러한 부정적인 생각을 뒷받침할 수 있는 증거를 찾아보라. 아마도 현실 속에서 자신을 비관할 때 내뱉는 말들을 뒷받침하는 증거를 찾기는 정말 힘들 것이다. 당신이 하고 있는 자기 자신에 대해 좋지 않은 생각은 오직 생각 속에서만 만들어진 것이다. 그렇게 본인에 대한 부정적인 생각의 증거가 하나도 없다는 것을 인지하고 나면, 기분 좋게 스스로를 칭찬하는 말을 뒷받침 해주는 긍정적인 증거를 찾아야 한다. 이 시점에서 당신의 잠재적인 능력을 믿고 당신의 긍정적인 면을 강조하는 내적 코치는 빛을 발한다. 지금까지 어떤 수업을 받고 어떤 지도를 받았든 간에 스스로의 내적 코칭을 통한 자신의 잠재력에 대한 믿음은 목적을 달성하는 데 필요한 요소들을 증진시키는데 도움이 될 것이다. 다시 한번 정리하자면, 부정적인 생각을 없애고 자기 자신에 대한 믿음을 키우기 위해서는 먼저 머릿속에 있는 안 좋은 생각들을 인지해야 한다. 그 뒤, 그러한 생각들을 반증할 수 있는 증거를 찾아서 처지를 비관하는 생각들을 없앤 후, 스스로에 대해 긍정적인 평가를 할 수 있도록 해야 한다. 그렇게 스스로에 대한 긍정적인 평가를 하는 과정에서는 내적 코치의 역할이 중요하며, 지금 머릿속에서 어떤 생각이 떠오르는지를 알고 있는 것이 중요하다. 어떤 선택을 하고 어떤 생각을 하든, 모두다 당신 스스로의 결정이고 선택이었음을 명심하는 것을 잊지 말라.

4) 되돌아가는 것은 정상이다

변화가 일어난 지 얼마 되지 않았을 때 그 변화를 유지하는데 어려움을 느끼며 다시 예전으로 원상복귀 하려는 것 같다고 해도 불안해 하지 마라. 회귀하는 현상은 많은 사람들에게 일어나며, 아주 흔하기 때문이다. 다만 변화의 과정에서 참고하였던 내적 코칭에 대한 글을 다시 읽고, 당시에 적었던 글들을 다시 들여다보아라. 그를 통해서 왜 변화를 일으키고 싶었는지, 얼마나 노력했는지를 기억하는 것은 의지를 다잡는데 도움이 될 것이다. 당신이 지금 하고 있는 것은 정말로 원하는 삶을 살아가기 위한 기초를 다지기 위해서 잡초를 뽑고, 땅을 고르게 하는 작업이다. 시도하기 전에는 알지 못할 것이고, 첫 술에 배부를 수 없지만 지금 당신이 하고 있는 변화와 노력은 절대 배반하지 않을 것이다.

5) 균형 맞추기

이 책을 통해 내적 코칭을 배우는 과정에서, 당신은 스스로와의 관계를 개선할 수 있을 뿐 아니라 다른 사람과의 사회적 관계 또한 발전시킬 수 있다. 요즘같이 이동이 쉬워지고 연락하는 수단이 많아져서 인간관계의 망이 넓어진 시대에는 여러 인간 관계 속에서 균형을 유지 하는 것이 쉽지 않다. 그렇기 때문에 어떻게 하면 올바른 질문을 던질 수 있고, 어떻게 하면 상대방에게 귀 기울일 수 있는지를 가르쳐주는 코칭이 매우 중요하다. 만약 친구와의 관계가 소용돌이 속에 휘말린 것처럼 헷갈리고 복잡하다면 먼저 한 발짝 물러나서 객관적인 시선으로 당신의 삶과 인간관계를 바라보아라. 그리고 문제점을 명확히 한 뒤에 단계적으로 해결하기 시작한다면 삶에 가져오게 될 변화와 이미 존재하는 인간 관계 사이의 균형을 잘 잡을 수 있을 것이다.

제3강

2단계 : 기초 쌓기

제3강 2단계 : 기초 쌓기

목표하는 삶을 살아가기 전에 어떤 삶을 살아가고 싶은지를 명확히 아는 것은 필수적이다. 목표하는 바를 완전히 이해하지 못한다면, 세부 계획을 짜는 것이 거의 불가능하기 때문이다. 원하는 바를 명확히 하는 과정을 건너 뛴다면 목표를 이루는 것이 어려워질 때마다 조금씩 목표를 낮추게 되고 차선책을 선택하게 될지도 모른다. 앞서, 이 책이 제시하는 첫 번째 단계에서는 아래와 같은 기회를 제공했다.

첫째, 이상적인 삶 위한 변화에 필요한 기초를 닦는 방법을 배울 수 있는 기회.

둘째, 한계를 넘어설 수 있는 기회.

셋째, 실제로 당신의 삶에서 어떤 가치가 중요한지 분석하여 목표하는 이상적인 생활을 명확히 할 수 있는 기회.

넷째, 미래에 더 중요한 변화를 하기 위해 생활 속에서 작은 변화와 계획을 세우고 실행해볼 수 있는 기회.

앞으로 제시하게 될 두 번째 단계에서 당신은 다음의 행동을 취할 수 있을 것이다.

첫째, 지금 당신이 처한 상황에 대해 확실히 알기
둘째, 변화에 어떤 부분들이 포함되어 있는지 이해하기.
셋째, 자기 자신과 관련된 긍정적인 사실들에 집중하기
넷째, 삶에서 당신의 역할을 알아보고 정의 내리기
다섯째, 자신만의 목소리를 찾고 핵심 가치 파악하기
여섯째, 자존감을 높이고 SMART 모델 적용법 배우기

1. 삶의 시작점

지금 처해 있는 상황에서 목표하는 삶으로 옮겨가기 위해서는 현재를 제대로 파악하는 것이 중요하다. 그렇게 현재를 제대로 분석한 이후에야 작고 성취 가능한 단계들을 세울 수 있게 되기 때문이다. 다음 두 활동을 통해서 지금 당신의 상태와 위치를 파악할 수 있을 것이다.

1) 삶의 바퀴 찾기

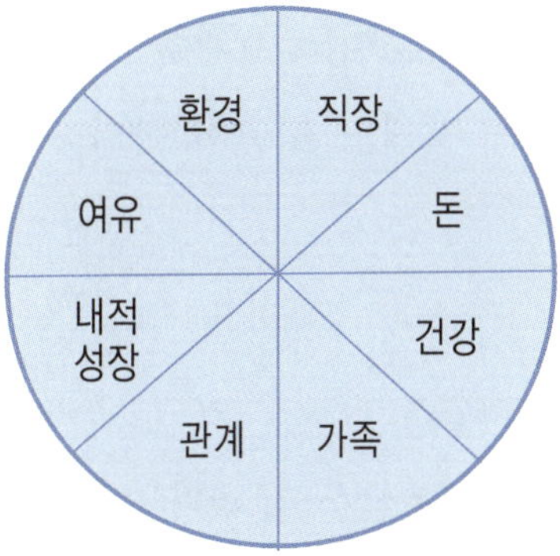

동그라미에서 분할된 여덟 조각은 생활 속에서 균형을 맞추며 살아가야 하는 여덟 가지를 의미한다. 원의 안쪽 부분을 매우 불만족으로 두고, 밖을 매우 만족으로 생각한 후, 각 부분을 당신의 만족도에 따라 색칠 해보아라. 너무 깊게 생각 하지 말고, 느끼는 대로 그리는 것이 중요하다. 그렇게 색칠을 완성한 후의 동그라미는 현재의 당신이 생활에 대해 느끼고 있는 전반적인 만족도를 보여준다. 굳이 원 모양으로 색칠하지 않아도 각 부분마다 어느 정도 만족하는지만 제대로 색칠해주면 된다. 이 활동은 당신이 지금 당장 인생에 얼마나 만족하는지, 그리고 어느 부분이 가장 만족스럽고 덜 만족스러운 지를 알 수 있도록 도와준다. 한가지 기억해야 할 것은 당신에게 만족감이라는 개념이 어떤 의미인지를 먼저 알아야 한다는 것이다. 만족감은 항상 변화하며 아주 사적인 감정이다. 20대에 만족스럽다고 생각 했던 것들이 50대가 되어서는 만족스럽지 않을 수도 있으며, 그 반대가 될 수도 있다. 미래는 다 젖혀두고, 지금 당장 당신에게 우선적으로 가치 있는 것들이 무엇인지 생각하는 기회를 가져라. 불만족스러운 부분들이 많더라도 걱정하지 말고, 하나 하나씩 해결해

가면 된다. 오히려 조금씩 만족감을 채워가는 것이 한번에 모든 것을 만족시키기 위해서 서두르는 거 보다 더 좋을 것이다. 어쨌든 한 분야에서 만족감을 증진시키는 것은 도미노 효과를 불러일으켜, 다른 부분의 만족감을 증진시키는 것에도 도움이 된다.

2) 질문지 완성하기

지금 당장 당신의 삶에 대한 전체적인 분석을 끝냈다면, 이제 더 깊은 생각을 시작해보자. 다음의 질문에 최대한 솔직하고 자세하게 답을 써라.

① 코칭을 통해서 무엇을 이루고 싶은가?
② 인생에서 당신에게 가장 중요한 것은 무엇인가?
③ 당신에게 가장 중요한 사람은 누구인가?
④ 지금까지 어떠한 목표들을 이루어 왔는가?
⑤ 이루지 못할 것이라고 포기하고 제쳐둔 목표가 있는가?
⑥ 어떤 타고난 재능이나 능력을 가지고 있는가?
⑦ 지금 인생에서 어떤 것을 제일 즐겁게 하고 있는가?
⑧ 어떤 일이 제일 지루한가?
⑨ 어떤 일이 가장 견디기 힘든가?
⑩ 습관이나 성격 중 어떤 부분을 바꾸고 싶은가?
⑪ 어떤 부분에서 뒤쳐지고 있다고 느끼며 어떤 부분에서 진보하고 싶은가?

3) 앞으로 나아가기

이 책을 통해서 머릿속에 떠오르는 생각들을 분석하고 차근차근 정리하면서, 당신은 내적 코칭을 통해 어떤 변화를 얻길 원하는지를 명확히 알게 될 것이다. 위에서 소개했던 두 활동을 통해서 어떤 방향으로 나아가야 하는지 파악하는 것이 중요함을 잊지 말자.

2. 변화

삶에 어떤 식으로든 변화가 필요하다는 것을 확신하고 있다면, 다른 행동을 취하기 전에 먼저 변화 자체를 이해해야 한다. 당신은 오직 당신 자신만을 변화시킬 수 있을 것이라는 사실은 매우 중요하다. 만약 지금 변화시키고 싶은 것이 외부적인 요인이나 환경적인 요소들에 관한 것이거나 타인의 행동에 달려있는 것이라면 변화를 통해 행복해지는 과정에서 조금 실망할 지도 모르기 때문이다. 다음과 같은 상황이 그런 예시에 해당된다.

첫째, (외부적인 요인) 머리 스타일을 바꾸면 행복해질 거야
둘째, (외부적인 요인) 차를 사면 행복해질 거야
셋째, (타인에 관한 요인) 내 남자친구가 더 다정하다면 행복할 거야
넷째, (타인에 관한 요인) 부모님이 더 돈이 많다면 행복할텐데

위와 같은 희망사항들은 내적인 문제에 대한 답을 외부에서 찾는 행위이다, 그렇기 때문에 이와 같은 희망 사항들을 더욱 좇을수록 박탈감이나 상실감을 더 많이 느끼게 될 수도 있으니 주의해야 한다.

1) 수현의 사례

수현은 남자친구가 그녀에게 자상하지 않아서 행복하지 않다고 생각했다. 그가 절대 변하지 않을 것이라고 생각했던 그녀는 이 관계는 좋은 방향으로 흘러가지 못할 것이라 믿었고 헤어짐을 택했다. 수현이는 아주 매력적인 여성이었기 때문에 얼마 지나지 않아서 새로운 남자친구를 사귀게 되었다. 그러나 고작 세 달이 지나자 그녀는 이전의 관계에서 느꼈던 것과 똑같은 기분을 느끼고 있는 자신을 발견했다. 남자친구가 그녀를 신경 써주지 않는다고 느낀 것이다. 이런 상황을 두 번이나 겪으면서 그녀는 스스로에게 질문을 던지기 시작했다.

①남자친구가 어떤 방식으로 챙겨주기를 원하는 걸까?
②남자친구와 어떤 대화를 해야 할까?
③내가 지금 생각하고 느끼는 바를 어떻게 하면 잘 전달할 수 있을까?
④그가 나를 더 신경쓸 수 있도록 만들려면 내가 어떻게 할 수 있을까?

위의 질문들은 남자친구에 포커스가 있는 것이 아니라 수현의 내적 상태를 묻는 질문이다. 남자친구가 어떻게 해주기 만을 바라는 수동적인 질문이 아니라, 스스로 변화하는 과정을 통해 더 좋은 결과를 이끌어낼 수 있는 방법을 찾는 과정을 위한 질문이라는 말이다. 텔레파시는 존재하지 않기에 나의 기분과 생각을 말로 전달하지 않는다면 상대방이 알아차리기란 거의 불가능하다. 그녀가 남자친구와 행복하게 사귈 수 있기 위해서는 그저 속상해하면서 남자친구가 변화해주기를 기다렸던 이전의 태도를 버리고 스스로가 할 수 있는 것들을 조금씩 찾아나가야 한다. 남자친구와 깊은 대화를 통해 서로의 생각을 나누고, 상대방이 내가 원하는 행동을 하게끔 하기 위해 어떤 변화가 필요한지 파악하여 실천한다면 이전보다 훨씬 만족스러운 연애를 할 수 있을 것이다.

2) 패턴 반복하기

꽤 오랜 시간 동안 여러 사람들과 다양한 종류의 관계를 맺다 보면 인간관계에서 계속 반복되는 어떠한 패턴을 알 수 있게 된다. 만약에 당신의 인간관계에서 자주 보이는 패턴이 있는 것 같다면, 스스로에게 다음의 질문을 던져보라.

첫째, 나는 이 관계에서 어떤 역할을 하는가?
둘째, 나는 이 관계에서 어떤 일을 하거나 하지 않는가?
셋째, 나는 이 관계와 상대방에게 어떤 것들을 제공하는가?
넷째, 이 관계에서 무엇을 얻기를 바라는가?
다섯째, 이 관계 속에서 얼마나 나 다울 수 있는가?
여섯째, '나다움'이라는 것이 지니는 의미는 무엇인가?
일곱째, 끝나버린 인간관계가 있는가?
여덟째, 만약 있다면, 이러한 인간관계에 대해서는 무엇을 하고 싶은가?

위의 질문들은 당신이 마음 속에서 답을 찾을 수 있도록 스스로를 뒤돌아보고 생각하는 것을 격려하도록 고안되었다. 질문을 곱씹으며 어떤 생각이 떠오르는지 느껴보라. 만약에 당신이 내적 코칭을 진행한다면, 아마 목표에 대한 추상적인 개념을 명확히 하고 더 세분화된 계획을 세워 큰 이상을 이룰 수 있는 첫발을 내 디딜 수 있었을 것이다. 그러기 위해서는 생각에 대한 생각을 하는 것이 중요한데, 종이에 펜이나 연필로 리스트를 써내려 가거나 색깔이 다양한 펜으로 마인드맵을 만들고 일기를 쓰는 것, 혹은 음성 녹음과 영상 녹화를 통한 방법 등의 객관화 과정이 도움이 될 것이다. 이 외에도 다른 여러 방법들이 있을 수 있으니 당신에게 가장 잘 맞는 방법을 택하면 된다.

3) 상대방과 의사소통하기

생각과 감정을 명확히 하고 객관화하였다면 다음 단계는 그러한 생각과 감정을 파트너와 공유하는 것이다. 상대방에게 당신과 그 사람 사이의 인간관계에 대해 생각해보고 의견을 말할 수 있는 기회를 주어라. 만약 두 사람이 마주 앉아서 지금 직면한 문제에 대해 깊은 대화를 시작한다면, 어떤 문제가 존재하든 해결하고 함께 이겨낼 수 있을 것이다. 이미 마주 앉아서 얘기하고 있다는 사실 자체가 그 문제를 함께 해결하려는 의지가 있음을 보여주는 신호이기 때문이다.

4) 내적 행복 찾기

조금이라도 더 행복한 인생을 살기 위해서 변화하고자 한다면 장기적인 행복의 열쇠는 내적인 요인으로부터 행복감을 끌어올리는 것이라는 사실을 기억하자. 마음속에서 피어 오르는 행복, 평화, 그리고 만족은 어떤 가치와 일을 중요시하며 살아가야 하는지를 알고 그러한 가치를 좇기로 결심하고 행동해야만 느낄 수 있다. 우리는 외적인 요인을 바꾸었을 때 기분이 좋아진다고 생각하곤 한다. 쇼핑을 해서 옷을 산 뒤 행복해졌다고 생각하는 것이 그 예이다. 하지만 이런 외적인 만족감은 절대 장기적인 행복으로 이어지지 못한다. 그저 잠깐의 달콤함이 될 뿐이다. 그렇기 때문에 내적 변화나 만족을 불러일으키지 못하는 외적인 변화를 향한 갈망은 줄이는 것이 좋다.

5) 변화 즐기기

변화하는 과정에서 가장 어렵게 느껴지는 것이 무엇인가? 만약에 '결단을 내리는 것' 혹은 '마음 먹는 것'이 질문에 대한 답이라고 생각한다면 당신은 지금 변화를 너무 간단하게만 바라보고 있다. 만약에 변화하는 것이 그렇게나 간단명료한 것이었다면 아마 당신은 원하는 직장에서 원하는 차로 출퇴근을 하며 원하는 여자와 원하는 가정을 원하는 집에서 꾸리고 있을 것이다. 아마 이상적인 몸무게에 이상적인 재산을 가지고 있을 것이며 매년마다 아주 환상적인 휴일도 보내고 있지 않을까? 하지만 그렇지 않은 현실을 봤을 때, 변화는 결코 간단한 것이 아니다. 변화하고자 하는 당신을 자꾸 주저 앉히는 요인에는 어떤 것들이 있을까? 먼저, 변화의 개념을 이해해야 한다. 30분 일찍 잠자리에 들기, 하루에 물을 좀 더 마시기와 같은 작은 변화의 경우, 실현시키는 것은 별로 어려운 일이 아니지만 그 변화를 계속 유지하기란 쉽지 않다. 이렇게 작은 변화를 다루기도 쉽지 않은데, 만약 당신이 하고자 하는 변화가 엄청 크고, 인생에 큰 영향을 끼치며 아주 중대한 것이라면 얼마나 더 힘들겠는가? 어떠한 종류의 변화이든, 변화에는 불확실성이 포함되어 있다. 만약 당신이 불확실성과 불편한 사이라면, 변화는 그저 삶을 더 위태롭게 만들고 더 휘청거리게 만들 뿐이라고 생각할 것이다. 결단을 내리는 것은 불가피하게도 하나를 버리고, 다른 하나를 선택하는 것을 의미한다. 예를 들어, 살을 빼겠다는 결정은 맛있는 음식을 먹을 수 있는 기회를 버리는 것이고, 밥을 먹고 동네를 한 바퀴 돌겠다는 결정은 드라마 한편을 볼 수 있는 기회를 버리는 것이다. 하나의 선택지를 선택할 때면 언제나 다른 모든 선택지를 포기함을 알고 있어야 한다. 만약 불확실성뿐 아니라 이렇게 무엇인가를 잃어버리는 것도 불편하다면 변화는 당신에게 어려운 존재로 느껴지겠지만 절대 불가능한 것은 아니라는 것을 기억해라. 마음의 부담을 덜고, 최대한 긍정적인 면을 바라보며 즐거운 마음으로 나아가보자.

6) 목표를 향해 나아가기

여러 선택지가 주어졌을 때, 당신을 진보할 수 있도록 이끌어주는 선택을 하는 것이 중요하다. 모든 선택지를 전부다 한번에 택할 수는 없다. 하지만 지금 내린 결정이 영원 하지는 않으며, 언제나 다른 선택을 할 수 있음을 기억해라. 예를 들어서, 다이어트를 위해 식단을 조절한다는 선택을 하는 것이 초콜릿을 다시는 절대 먹을 수 없다는 것을 뜻하는 것이 아닌 것처럼, 하나의 선택이 당신의 미래를 완전히 구속하고 제한한다고는 생각하지 말아야 한다. 그렇기 때문에, 목표로 향하는 길에서 너무 많이 벗어나지만 않는다면 어떤 선택이든 괜찮다. 본인의 마음이 향하는 선택을 할 수 있는 힘을 마음껏 행사하는 것이 좋다. 만약에 인생 전체에 좀 더 큰 영향을 끼치는 결정을 해야 한다면, 코칭의 과정을 통해서 올바른 선택을 할 수 있는 잠재력이 스스로에게 있음을 인지하면서 결단을 내려야 함을 잊지 말자.

" 당신의 과거는 당신의 잠재력이다! "

7) 미래 기대하기

우리는 결정을 내리는 당시에 가지고 있는 정보만을 토대로 선택을 할 수 밖에 없다. 그렇기 때문에 우리는 삶을 살아가면서 많은 사실들을 그 시점이 지난 다음에야 깨닫게 된다. 그래서 어떤 선택을 내리든, 후회 없는 삶을 사는 것이 행복한 삶의 비밀 열쇠라고 할 수 있다. 코칭은 당신이 현재 가지고 있는 정보가 무엇인지 확실히 분석하고, 미래에 어떤 것들을 가지고 싶고 이루고 싶은지를 명확히 알 수 있게 이끌어준다. 이전에 경험했던 것을 통해서 배우고 느끼게 된 몇가지 사실이 있을 것이다. 하지만 코칭은 그러한 과거가 당신의 멋지고 밝은 미래와 잠재력을 속박하고 제한할 수 없도록 보호한다. 만약 당신이 지금까지 아무것도 이루지 못했다고 느낀다면, 변화하고 진보하기에 늦은 시간은 없다는 것을 알아야 한다. 결단을 내리고 인생의 부분, 부분을 바꾸어 나가는 것은 당신이 몇 살이며, 어디에서 왔고, 어떤 경험을 했는지와 상관없는 일이다. 변화하는 것은 온전히, 달라지기 위한 진정한 의지와 이전과는 다른 삶을 살고 싶다는 소망에 달려있기 때문이다.

8) 장점과 단점 분석하기

우리는 변화를 통해 얻는 이득이 손실보다 훨씬 클 때 성공적으로 변화하는 경향이 있다. 그렇기 때문에 무턱대고 변화하겠다고 결심하기 이전에 다음과 같은 요소들을 고려해보는 것이 필요하다.

첫째, 이 변화를 통해 얻을 수 있는 이점과 단점에는 어떤 것들이 있을까?

둘째, 변화하고 싶은 마음과 그냥 그대로 남아있고 싶은 마음 중에서 어떤 마음이 어느 정도 더 큰가?

예로 해리의 상황을 생각해보자. 해리는 지금 30세이고 비만이다. 그는 점점 정말로 인생의 동반자를 찾고 싶다는 생각을 자주 했고, 살을 빼서 여자친구를 만들어야 할 필요성과 이성관계로부터 얻을 수 있는 이점이 매우 크게 느껴졌다. 그리고 몸매가 좋은 남자가 되는 것은 인생 전반에 대한 자신감을 심어 줄 수 있을 것 같았다. 그는 이런 이점과 갈망을 원동력 삼아서 변화할 수 있었고, 이와 같이 "큰 이득을 가져다 준다"는 변화의 이유는 그가 변화를 유지하는데도 큰 힘이 되었다.

9) 발전 유지하기

변화하고 싶다는 생각은 해보았지만, 그 의지를 끝까지 유지하기가 어려워서 곤란했던 적이 있는가? 아마 이런 상황은 당신이 모 아니면 도라는 접근법을 취하고 있기 때문에 발생할 것이다. 즉 엄청나게 원대한 목표를 세우고 그 목표를 이루는 것이 쉽지 않을 것 같은 상황이 되면, 목표 자체를 아예 포기해버리는 태도를 가졌다는 것이다. 성공적인 변화를 이끌어 내는데 어떤 것들이 필요한지 제대로 아는 것이 이런 태도를 버리는데 도움을 줄 것이다. 내적 코칭의 강화를 통해서 한번에 이루기 어려운 큰 목표를 성취 가능한 작은 단계들로 나누는 것 또한 필요하다. 얼마나 발전하고 있는지, 어떤 변화를 하고 있는지를 발견하고 분석하는 것은 큰 목표에 집중할 수 있도록 이끌어주고 의지를 향상시킬 수 있게 한다. 만약에 당신이 오래된 습관이나 라이프 스타일 자체를 변화시키려고 노력중이라면, 이전의 모습으로 가끔씩 돌아가는 것이 이상한 것이 아님을 기억하라. 예전으로 돌아간 자신의 모습이나 행동을 발견하는 순간이 온다면 좌절하면서 모든 것이 수포로 돌아갔다고 자책하지 말고, 스스로에게 약간의 관대함을 보여주는 것이 낫다. 습관을 변화시킨다는 것은 인내심, 관대함, 그리고 이해심이 매우 필요한 과정임을 생각하는 것이 좋다. 이러한 모든 과정을 통해서 당신은 이상적인 삶의 형태를 점점 강화시킬 수 있으며, 변화에 대한 전반적인 이해를 통해서 변화를 어떻게 일으키고, 또 어떻게 유지하는지를 알 수 있을 것이다.

3. 긍정적인 면

어떻게 목표를 성취하는가는 원하는 삶을 살아가기 위해 생각해보아야 할 중요한 요소 중 하나이다. 책의 앞 부분에서 원하는 삶의 형태를 시각화했던 부분을 한번 다시 생각해보라. 지금 머릿속에 가지고 있는 새로운 삶의 모습이 그림처럼 선명하고 구체적인가? 스스로 목표에 대해서 확신할 수 있어야 함을 기억해라. 그 과정에서 항상 지금 목표하는 것들이 부정적인 생각에서 기인한 것이 아닌지를 확인 해야 한다. '하고 싶지 않는 것'을 생각하지 말고 '하고 싶은 것'이 무엇인지 고민하라. 하고 싶지 않은 일이 무엇인지를 생각하고 그것을 피하려는 태도는 오히려 그 반대의 결과를 불러일으킬 수도 있기 때문이다. 예를 들어서, 당신이 계속 실패를 겪고 있다고 가정해보자. 만약 당신이 지금까지, 최악의 상황이 일어날 것이라고 예상해왔다면 그런 실패가 '어쩔 수 없이' 올 수 밖에 없었던 상황이며, 그런 상황을 피할 수 있는 능력을 가지고 있지 않다고 자책할 가능성이 높다. 그러나 만약 당신이 긍정적인 생각을 많이 하고, 삶에 대한 통제력을 가지고 있는, 스스로에 대한 믿음이 있는 사람이라면 그저 운이 안 좋은 한 주였다고 생각하며 이겨낼 수 있을 것이다. 당신이 원하는 삶을 일구어 내는 것은 운명에 맡길 수 있는 것이 아니다. 오랜 시간의 준비와 계획, 스스로에 대한 믿음과 적재 적소에서 옳은 행동을 행할 수 있는 용기가 필요하다. 그러나 이러한 모든 것들은 인생에서 무엇을 원하는지 확실히 아는 것과 직감을 믿는 것, 그리고 성공할 수 있다는 믿음을 가지고 행동하는 것이 잘 어우러진 결과임은 확실하다. 성공은 우연이 아니다.

" 스스로의 운을 창조하라! "

1) 부정적인 생각 없애기

스스로의 미래에 대해서 어떤 생각을 하곤 하는가? 당신은 다음과 같은 생각들을 하고 있을 수도 있다.

① 더 이상 빚이 없었으면 좋겠어.
② 직장을 잃고 싶지 않아.
③ 65살이 될 때까지 일하고 싶지 않아.

이렇게, 부정적인 것에 집중할수록 긍정적인 목표들을 이루기 힘들어진다. '하기 싫어'를 '하고 싶어'로 바꾼다고 해도, '잃다' 혹은 '그만하다'와 같은 부정적인 단어들을 사용한다면 부정적인 생각의 잔상이 그대로 남아 있을 것이다. 이러한 잔상들은 숨겨져 있기에 파악하기 쉽지 않지만 없애야 한다. 다음은 그 예이다.

① 살을 빼고 싶어. ('빼다'는 부정적인 단어이다)
② 담배를 그만 피우고 싶어. ('그만'은 부정적인 단어이다)
③ 마이너스 통장이 없었으면 좋겠어. ('없었으면' 은 부정적인 단어이다)

2) 긍정적인 생각 이끌어내기

이상적이 삶의 모습을 시각화하여 바라볼 때, 자기 자신이 그 삶을 묘사하는 방법에 귀 기울일 필요가 있다. 긍정적인 생각과 감정은 긍정적인 행동과 태도로 이어진다. 다음은 부정적인 생각을 긍정적으로 변화시킨 예시이다.

① 빚이 없었으면 좋겠어 (부정적) → 돈 관리를 더 잘 하고 싶어 (긍정적)

② 담배를 그만 피우고 싶어 (부정적 잔상) → 비흡연자가 되고 싶어 (긍정적)

"나는 돈 관리에 아주 능숙해질 거야!"와 같이, 현실과 너무 동떨어진 문장으로 스스로를 격려하는 것은 큰 도움이 되지 않는다. '꿈꾸고 있네'와 같이, 마음속에 들어있는 비판적인 생각을 아주 빠르고 쉽게 깨울 수 있기 때문이다. 한 번에 한 발짝만 나아가자. 언젠가는 아주 능숙하게 돈을 관리할 수 있게 될 것이다.

4. 말은 역할

매슬로의 욕구5단계에서 보듯이 우리 모두는 사람이기 때문에 소속감을 느끼고 싶어한다, 그렇기 때문에 우리는 가족, 직장, 교회, 학교 등의 단체에 포함되고자 노력한다. 이런 그룹은 사람들의 인생 속에서 각각의 역할이 있는데, 서로 격려해주거나, 전통을 이어가거나, 서로를 보호해주는 것 등이 그 예시이다. 이와 같이 다른 사람들과 인간 관계를 맺을 때 우리는 항상 역할을 부여받게 된다. 이런 역할을 얻게 되는 계기는 다양한데, 몇몇은 아들 혹은 딸처럼, 피할 수 없는 역할이고 몇몇은 아내 혹은 선생님처럼 본인이 내린 선택의 결과이다. 선택적인 역할처럼 보이는 역할들이 가끔은 사고에 의한 역할이 되기도 하는데, 예를 들어서 부모로서의 역할이 그렇다고 할 수 있다.

당신이 속해있는 집단에서 어떤 역할을 하고 있는지 정의내리는 것은 다음을 명확히 하게 도와준다.

① 당신이 여러 집단에서 가지고 있는 다양한 역할
② 역할 사이에서 균형을 잡는 것
③ 지금 맡고 있는 역할들이 정말 원하는 것인지에 대한 고민
④ 역할 갈등
⑤ 그 갈등을 해결하는 방법

책의 이 부분을 읽으면서 내적 코칭을 시작하기 전에, 당신의 인생 속에서 어떤 부분을 가장 좋아하고 가장 꺼려하는지 파악하는 단계를 꼭 거쳐야 한다는 것을 기억하라.

1) 역할 확립하기

당신은 살아가면서 얼마나 많은 역할을 해내고 있는가? 여유를 가지고 깊게 생각한 후 종이에 옮겨 적어 보아라. 생각을 시작하기 위해서 몇 가지 예시를 주자면, 아들, 딸, 아내, 남편, 파트너, 조부모, 사촌, 조카, 고모, 삼촌, 대부, 보호자, 친구, 동반자, 동료, 음악가, 매니저, 직원, 언니, 동생, 선생님, 정치인, 정원사, 봉사자, 요리사 등이 있다. 중요하다고 생각하는 역할에만 한정 짓지 말고 지금 맡고 있는 역할을 최대한 많이 써내려 가도록 노력해라. 이전에 했던 삶의 바퀴 활동을 참조해도 좋다. 이렇게 모든 역할을 다 적어내려 가면서 현재 맡고 있는 역할을 파악 하는 것은 여러 역할 사이에서 균형을 찾고 역할 갈등을 해결할 수 있게 도와줄 것이다. 최대한 많은 역할을 적어 내려가는 방법 중 하나는 부속적인 역할이 많은 역할부터 생각해내는 것이다. 예를 들어서 부모님이라는 역할에는 매니저, 중재자, 외교관, 친구, 멘토, 숙제 선생님, 보호자, 기사, 협상가, 자산 관리사, 요리사 그리고 간호사와 같은 여러 부속적인 역할이 있다.

2) 역할 고르기

몇 가지 역할은 매우 필수적이지만 몇몇은 선택적이며, 몇 가지는 원해서 얻은 역할이 아니라 어쩌다 보니 주어진 역할이기도 하다. 역할 리스트를 잘 살펴보라. 당신이 맡은 각각의 역할들을 조금 더 자세히 묘사하고, 그 역할을 맡았을 때 구체적으로 어떤 일을 하는지 그리고 어떤 집단에서 그 역할을 맡고 있는지를 생각해 보는 것이 필요하다. 당신은 지금 한 사람과의 관계에서 직장 동료와 친구로서의 역할 두 가지를 하려고 노력하고 있을 지도 모른다. 이러한 상황에서, 직장 동료의 역할을 다하려면 어떻게 말하고 행동해야 하며, 친구로서의 역할에 충실하려면 어떤 태도를 보여야 하는가? 때때로 상황이 차이를 만들기도 한다. 예를 들어, 친구라는 같은 역할을 상대방에 따라 다르게 해내기도 한다는 것이다. 그렇다면 그런 차이는 왜 생기는 것일까? 친구들에 따라 당신의 속에 숨겨진 다양한 모습을 보여주기 때문인가? 여러 사람들에게 각각 다른 매력을 뽐내고 싶어서 인가? 수다스럽고 활발한 친구 곁에 있을 때는 외향적이고 적극적인 모습이지만, 조용히 이야기 하는 것을 좋아하며 차분한 친구의 옆에서는 사색적인 사람이 되는 이유가 무엇인가? 이런 모든 질문들 속에서 당신이 알아내야 하는 답은 그런 역할들을 수행함에 있어서 스스로에게 진실된 태도로 임하고 있는가에 대한 사실이다.

첫째, 당신은 특정한 문화를 가지고 있는 환경에서 일을 하고 있는가?

둘째, 그 특정한 문화가 당신이 의도하지 않는 행동을 취하게 하는가?

셋째, 그런 행동들이 당신의 진실된 모습이 아닌가?

넷째, 만약 그렇다면, 얼마나 스트레스를 받으면서 그 역할을 수행하는가?

어떻게 하면 지금 당신이 수행해야만 하는 역할과 진실된 당신의 모습 사이에서 갈등이 일어나는지 알 수 있을까? 잠시 시간을 가지고 당신이 현재 맡고 있는 여러 역할 중 매우 중요하다고 여겨지는 역할에 대해서 스스로 가지고 있는 태도가 어떤지, 그리고 그 역할과 관련되어있는 인간관계에 대해서 어떤 감정을 느끼고 있는지를 생각해보라.

첫째, 이 역할을 수행하면서 얼마나 만족하는가?

둘째, 이 역할 때문에 얼마나 기운이 빠지는가?

셋째, 각 역할 속에서, 어떤 인간관계가 가장 유지하기 힘든가?

넷째, 어떤 인간관계가 당신을 기분 좋게 하는가?

다섯째, 어떤 관계에서 '주고 받음'이 확실함을 느끼는가?

타인과 함께 시간을 보낼 때면 아주 다양한 종류의 에너지들이 오고 감을 느낄 수 있다. 우리는 이러한 에너지 변화를 "00와 만나면 기운을 받는다" 혹은 "00를 다녀오면 기가 빨린다"라고 이야기하곤 한다. 기운의 변화를 잘 느끼고, 그 기운의 움직임에 따라 관계에 대한 생각을 해보는 것이 필요할 때도 있다.

3) 선 넘지 않기

성공적이지 않은 인간관계를 떠올려보라. 어떤 부분이 가장 힘든가? 그 인간관계를 이어가는데 얼마나 많은 시간과 에너지를 쏟았는가? 다음의 사례를 살펴보자.

민호와 승희의 예시

민호는 친구와 전화를 할 때면 매번 최소한 1시간 반 동안 이야기를 하고 나서야 전화를 끊었다. 그럴 때 마다 민호는 가지고 있던 모든 기운을 다 뺏긴 듯 피곤해졌다. 친구는 그 통화가 끝난 후, 이제는 힘이 난다며, 민호에게 고맙다고 이야기 했지만 민호는 전화 후, 하루 종일 기운이 없는 채로 지냈던 것이다. 민호는 더 이상 이런 일을 겪고 싶지 않았다. 민호와 비슷하게, 승희는 점심시간 마다 '잠시 이야기나 하자'며 사무실에 찾아오는 동료 때문에 힘들어하고 있다. 30분 정도 이야기를 하고 나면, 상대방은 기분 좋게 다시 일을 시작하지만 승희는 너무나 피곤해졌던 것이다. 어떻게 하면 더 이상 이렇게 피곤하지 않을 수 있을까 고민해보았지만 답이 보이지 않았다. 동료는 매번 그녀에게 정말 이야기를 잘 들어줘서 고맙다며 칭찬했지만 본인이 무작정 수다를 떨려고 찾아오는 시간이 승희에게 얼마나 큰 방해가 되는지는 생각하지 않았다. 그런 칭찬을 들으면 들을수록 승희의 부담은 커져갔다.

이런 상황이 익숙하게 느껴지는가? 인간관계에서 상대방에게 본인의 에너지를 퍼주는 역할을 맡고 있는가? 더 이상 이런 상황을 겪고 싶지 않다면 먼저 상대방이 어떤 경계선을 넘었는지, 그리고 그 경계선의 침해가 얼마나 큰 영향을 주고 있는지를 파악 해야 한다. 맡고 싶지 않은 역할에서 벗어날 수 없는 상황이라면, 다음과 같은 질문을 스스로에게 던져라.

첫째, 어떤 대화가 일어나야 하는가?
둘째, 누구와 그런 대화를 해야 하는가?
셋째, 무엇이라고 말 할 것인가?
넷째, 그 이야기를 언제 할 것인가?

상대방이 사생활의 범위를 침범하고, 잠시 이야기하자며 자꾸만 방해하고 있다는 사실을 알 수 있도록 대화를 나누는 것이 중요하다. 만약 이렇게 솔직하게, 얼마나 당신이 피곤해지는지, 그리고 상대방의 고민이나 얘기를 들어주느라 얼마나 많이 방해 받는지를 말하는 것이 쉬운 일이었다면 아무도 민호와 승희 같은 상황을 겪지 않을 것이다. 하지만 불편한 대화라고 해서 미루고, 또 미룬다면 당신은 벗어나고 싶은 역할에 계속 묶여 있을 수 밖에 없다. 그러나 민감한 부분인 만큼 언제, 어떻게 그 진심을 전할 것인지를 깊게 고민하는 것이 필요하다.

4) 자기주장하기

스스로에 대한 확신은 과거에 어떤 일이 일어났든, 그 일이 자존감이나 자기 효능감에 어떤 영향을 주었든 상관없이 자기 자신이 정말 소중하고 중요한 사람이라는 것을 믿는 것에서부터 시작된다. 본인이 느끼는 것을 정확히 얘기하고, 본인이 생각하는 것들에 대한 확신을 가지고 주장하는 것은 타인이 원하고 계획해주는 삶이 아닌, 스스로가 살아가고 싶은 삶을 살 수 있게 한다는 장점이 있다. 만약 본인이 생각하고 느끼는 바를 주장할 수 없다면, 점점 불만과 화가 많이 쌓일 것이고, 그로 인한 좌절감이나 분노가 갑자기 증폭되어 튀어나올 수 있으며 부정적인 생각이 아주 많아질 수 있다. 어려운 상황이 닥치면 어쩔 수 없이 고난을 겪게 되고, 쉽지 않은 결론을 내려야 하는 기로에 서게 되기도 하겠지만 스스로를 표현하는 습관을 기르게 된다면 여러 상황 속에서 더 만족스러운 결과를 얻게 될 것이다.

"당신은 매우 중요한 사람이다!"

(1) 수동성과 공격성

어떠한 일을 맡게 되었을 때, "나는 이 일을 잘 못해. 네가 더 잘할 수 있을 텐데…."와 같은 생각을 하는 것이 바로, 미안해 하는듯한 느낌을 풍기는 수동적인 접근법 이다. 이 접근법은 학습된 '쓸모 없음'으로 인해 나타날 수 있는데, 이는 여성에게 얌전하고, 남성의 도움을 필요로 하는 인간의 상을 요구하는 문화권에서 빈번하게 나타나는 특성이다. 공격적인 접근법은 "좋든 싫든 그냥 하기나 하자!"라고 말하는 것이다. 이런 무대포식 접근법은 승진의 결정권을 쥐고 있는 상사가 존재하기 때문에 자기 자신이 맞고 다른 사원들은 틀렸다는 것을 증명해야 하는 사무실에서 자주 볼 수 있다. 다른 사람을 희생시키더라도 본인이 능력좋아 보인다면 이익을 얻는다고 생각하기 때문이다. 이런 두 접근법은 모두다 자존감이 낮은 사람에게서 나타나는데, 첫 번째 소극적인 접근법은 본인의 생각이나 능력에 대한 확신이 없는 상태에서 나타나기 때문이고 두 번째 공격적인 접근법은 본인의 감정을 존중하지 않는 상황에서 사용되기 때문이다.

(2) 스스로에 대한 확신 가지기

스스로에 대한 확신을 가지는 것과 자신이 옳다고 매번 주장하는 것은 매우 다르다. 그렇다면 어떻게 스스로를 믿는 것과 자신을 맹신하는 것 사이에서 올바른 균형을 유지하여 적절히 반응할 수 있을까? 예를 들어, 약혼자의 부모님과 밥을 먹는 상황에서, 당신은 그들을 좋아하지는 않지만 약혼자를 존중하는 의미로 최대한 기분 좋게 밥을 먹었다고 생각해보자. 본인의 기분이나 생각을 억누르고 타인을 위해서 미소를 지었지만, 위와 같은 상황은 당신과 약혼자의 사이에서 오는 존중이지, 100퍼센트 당신의 감정이 모두 짓밟힌 희생이라고 볼 수는 없다. 언제든지, 가장 답하기 힘든 질문은 "어떻게 행동할 것인가?"이다. 특정한 상황에서 어떻게 반응할 것인지를 미리 생각해보고, 또 본인이 한 행동의 의도가 무엇인지 잘 아는 것은 스스로의 생각과 감정을 표현하고 주장하는 아주 좋은 기회가 될 수 있다. 하지만 만약에 당신이 타인에게 잘 보이고 싶은 마음이 아주 큰 사람이라면, 그리고 본인이 그런 마음을 가지고 있다는 것을 안다면 역효과를 불러일으킬 수 있다. 타인을 의식하기 때문에 본인의 의사표현에 주저함을 느끼기 때문이다. 반대로 당신이 다른 사람이 어떻게 생각하는지 보다, 스스로 어떤 것이 더 정당하다고 느끼는 지를 중요시 한다면 이는 많은 사람들에게 긍정적인 결과를 안겨줄 수 있는 일로 이어질 가능성이 높다.

(3) 목소리와 호흡, 자세 사용하기

목소리의 톤을 잘 들어보아라. 목소리가 흔들리지 않는가? 지금 말하는 상대방에게 마음이 열려있으며, 침착하고, 자신감 있게 느껴지는가? 자신을 효과적으로 잘 표현하기 위한 한가지 방법은 이야기를 할 때 몸의 어떤 부분에 힘이 들어가는지를 파악하고, 대화 중에 호흡을 알맞게 사용하는 것이다. 만약 호흡을 잘 사용하지 못한다면 당신의 목소리가 너무 낮거나 설득력 없게 들릴 수 있기 때문이다. 작고 약한 목소리는 다른 사람들과 효과적으로 소통하는데 걸림돌이 된다. 목소리와 몸짓은 어떤 상황에서든지 사람들의 지지와 동감을 얻기 위해서 꼭 필요한 것이며, 잘 사용한다면 공감대를 형성하고 몰입도를 증가시키는데 큰 도움이 될 수 있는 것이다. 거울 앞에 서서 본인이 말하는 모습을 잘 관찰하는 것이 도움이 된다.

① 몸짓이 어떠한가?
② 사람들이 얼마나 당신에게 집중하고 있다고 느껴지는가?
③ 말을 할 때 입을 얼마나 사용하는가?
④ 얼마나 정확히 숨을 들이쉬고 내쉬는가?
⑤ 목소리가 어떠한가?

5) 알렉산더 테크닉

배우이자 연사였지만 어느 날 갑자기 목소리를 잃었던 프레드릭 알렉산더는 20세기에 그의 이름을 본 따 만들어진 말하기 테크닉을 개발했다. 목소리를 잃은 후 그는 거울 앞에 서서 이전에 사람들 앞에서 어떻게 말하곤 했는지를 관찰하였는데, 바르지 않은 방법으로 숨을 쉬는 습관과 대사를 정확히 외워야 한다는 것에 대한 부담감이 몸짓에 영향을 주고 있다는 것을 발견하였다. 그는 머릿속의 부담감이나 스트레스와 몸의 움직임을 연관시킬 수 있었고, 그 과정에서 부담 때문에 심각하게 경직되었던 몸을 푸는 연습을 꾸준히 했다. 이렇게 마음을 다스리면서 몸짓을 변화하는 것을 통해서 그는 목소리를 되찾았고, 목소리와 함께 자신감 또한 얻었다. 그는 신체는 내부적으로 조화를 이루고 있으며 사람들의 무의식적인 습관이나 행동이 그 신체로 하여금 제 기능을 다하지 못하게 할 수 있다고 주장했다.

6) 역할 바꾸기

당신이 현재 맡고 있는 여러 역할에서 어떻게 행동하는지는 자기 자신을 잘 표현할 수 있도록 도와줄 수도 있지만 내면에 숨겨진 자아를 오히려 숨게 할 수도 있다. 즉 자기 효능감, 행복, 자존감, 그리고 만족감은 다른 사람들과의 인간관계 속에서 정의

될 수도 있다는 것이다. 그리고 당신이 어떤 변화를 추구하든, 그 변화가 실현이 되었을 때 지금 당장 당신과 함께 살고 있는 사람들은 아주 큰 영향을 받는 다는 것을 기억해야 한다. 그렇기 때문에 변화가 일어났을 때 자기 자신 뿐 아니라 다른 사람에게도 어떤 영향을 끼치는지 미리 생각하고 고민해보는 과정이 꼭 필요하다. 특히, 그 영향이 긍정적이기만 할 것이라는 보장이 전혀 없는 상황이기 때문에 더욱 그렇다. 당신의 삶을 위한 변화가 이미 존재하고 있는 인간관계에 가지는 파급력을 절대 간과해서는 안 된다. 자기자신에게 다음의 질문을 던져보아라.

첫째, 어떤 변화를 일으키고 싶은가?
둘째, 누구에게 영향을 줄 수 있는 변화인가?
셋째, 이 변화를 일으키는 과정에 누구를 참여시켜야 하는가?
넷째, 변화의 과정에서 어떻게 다른 사람들을 존중하고 배려할 것인가?
다섯째, 이 변화를 어떻게 소개할 수 있을까?

"새로운 변화가 주변의 사람들에게 긍정적인 영향을 끼치나요? 부정적인 영향을 끼치나요?"

7) 역할 추려내기

시간적 여유를 가지고 내 자신이 되는 것이 가지는 진정한 의미가 무엇인지 생각해 보아라. 당신에게 더 잘 맞는 역할이 무엇인지 골라내는 작업을 어떻게 시작할 수 있을지 고민된다면, 아래의 질문이 도움이 될 것이다.

① 만약 변화가 생긴다면, 현재 있는 역할에서 어떻게 변화할 것인가?
② 스스로에게 얼만큼의 시간을 투자하고 있는가?
③ 그 시간을 어떻게 사용하는가?
④ 그 시간을 다르게 보내고 싶은가?
⑤ 회사에서 얼마나 편하게 지내는가?
⑥ 스스로를 위한 시간이 전혀 없다면, 시간을 내기 위해서 무엇을 변화시켜야 하는가?
⑦ 어떤 대화가 필요한가?
⑧ 어떤 결과를 원하는가?
⑨ 누구와 그런 대화를 해야 하는가?
⑩ 무엇이라고 말할 것인가?
⑪ 언제 말할 것인가?
⑫ 다음 단계는 무엇인가?

코칭은 작은 성취 가능한 계획을 세우고, 이루는 것에서부터 시작된다.

① 어떤 역할을 계속하고 싶은가?
② 어떤 역할을 없애고 싶은가?
③ 어떤 역할을 조금 더 잘 맞게 수정하고 싶은가?
④ 어떤 인간관계를 유지할 것인가?
⑤ 어떤 인간관계를 끊을 것인가?
⑥ 나다워질 수 있기 위해 변화시켜야 할 인간관계는 무엇인가?

성원의 예시

성원은 준형과 15년동안 결혼생활을 이어오고 있었다. 그들은 대학 졸업 후 바로 결혼을 하여 살고 있었는데, 그 때를 돌이켜보면서 성원은 그 결정이 너무 큰 세상 속에서 혼자 있고 싶지 않았기에 내린 섣부른 결정이라는 것이 아닌가 하는 생각을 했다. 딱히 불행한 것은 아니었지만, 아주 행복하지도 않았다. 20대 중반, 친구들은 다 자기 자신을 위해 돈과 시간을 쏟고 있을 때 아이를 낳고 기르면서 성원은 준형과의 관계가 점차 허무하고 공허해지는 듯한 느낌이 들었다. 그녀는 가끔 준형에게 오래 안아달라고, 혹은 위로를 해달라고 얘기했지만 무뚝뚝한 남편은 그저 무심할 뿐이었다. 점점 그녀는 지쳐갔고, 그냥 어쩔 수 없다는 심정으로 이런 상황을 받아들이게되었다. 그러나 어느 날, 모든 것이 변했다. 성원은 한 개인으로서 살아가는 삶이 아닌, 한 사람의 부인과 세 아이의 엄마로서 살아가는 삶으로는 절대 만족할 수 없다는 것을 절실히 깨달았다. 그녀는 자기 자신의 내면의 소리에 귀 기울이기 시작했고, 인생에서 무엇을 원하는지 생각하기 시작했다. 그녀는 변화를 해야 한다는 것을 알고 있었지만, 그 변화가 많은 사람들의 생활에 영향을 줄 것이라는 것도 알고 있었다. 그러나 코칭의 과정을 통해 그녀는 주변 사람들을 존중하고 배려함과 동시에 변화를 성공적으로 이끌어 낼 수 있는 능력이 있다는 것을 믿었고, 용기를 내서 남편과 이혼에 대한 이야기를 시작했다. 엄청난 충격을 받았지만, 준형은 점점 성원과 자신이 인생을 사는 것이 아니라 '살아 내고' 있다는 것을 느꼈고, 앞으로 남은 긴 세월의 인생을 좀 더 만족스럽게 살아가야 한다는데 동의했다. 둘은 나쁘지 않게 이혼을 했고, 헌신적인 부모와 좋은 친구로 남았다. 이혼 후, 준형과 성원은 원래 마음속에 품고 있었던 꿈들을 하나, 하나씩 이루어 가며 만족스러운 삶을 살 수 있었다.

5. 변화하는 관계

바꾸거나 떨쳐 버리기로 결정한 역할이나 인간관계를 확실히 정했다면 이제 내적 코치가 큰 도움이 되기 시작할 것이다. 대부분의 사람들은 순간 순간에 머릿속에서 어떤 생각들이 일어나는지 잘 알지 못한다. 이렇게 혼란스러운 상황과 여러 인간관계 속에서 당신이 맡고 있는 역할이 마음에 들지 않는다면 그 사실을 받아들이고 변화의 방법을 모색하는 것이 옳다. 당신을 하나의 인격체로 존중해 주며 당신이 존경하고 사랑하는 사람과 편안하고 차분히 이야기를 나누는 것은 인생에서 마주하는 여러 스트레스와 문제를 해결하는데 도움을 준다. 그런 대화를 통해서 긍정적인 태도를 가지고, 긍정적인 행동을 하면서 변화하는 것이 그 문제로 인해서 계속 짜증나 있는 것 보다 훨씬 더 좋을 것이다. 이런 방법을 통해서 문제를 해결하다 보면, 정말 어렵고 복잡했던 문제들도 조금씩 실마리를 찾아가며 극복할 수 있을 것이다.

미선의 예시

미선은 15살짜리 아들을 둔 엄마이다. 그녀의 말에 따르면, 그녀의 아들은 학교에서 질이 좋지 않은 친구들과 어울리고 있었다. 담배를 피기 시작한 듯한 아들의 모습을 보며 미선은 혹시 아들이 더 못된 짓까지 하게 될까봐 걱정이 많았다. 미선은 몇 달 전까지만 해도 아들과 정말 좋은 관계를 유지하고 있었지만, 지금은 거의 대화를 나누지 않는 어색한 사이가 되어버렸기에 더욱 더 걱정스러웠다. 아들은 맨날 뚱한 표정으로 방에 틀어박혀 크고 시끄러운 노래만 들었고, 숙제나 공부를 전혀 하지 않았다. 미선은 아들을 이해하기 위해 최대한 노력했으나, 그녀가 15살의 소녀였을 때는 하지 않았던 행동들을 하는 아들을 납득하기가 쉽지 않았다. 특히나, 성별도 다르고 세대차이도 많이 났기 때문에 더욱 이해하기가 어려웠다. 많은 노력에도 불구하고 지금 아들이 어떤 고민을 하고 있는지, 왜 그렇게 행동하는지를 알 수 없었기에 미선은 아들에게 직접 어떤 엄마가 되어주었으면 좋겠는지 물어보기로 결심했다. 그녀는 질문을 던진 뒤에는 아들이 어떤 대답을 하든지 집중해서 듣기만 하고, 잔소리는 하지 않겠다는 결심 또한 했다. 그런 결심을 하고 보니, 이전의 대화에서 아들이 어떤 이야기를 하면 중간에 말을 끊고 잔소리를 꽤 자주 했었다는 생각이 들었다. 미선은 어느 하루, 기분 좋은 모습으로 집에 들어오는 아들의 모습을 보았고, 이때가 대화를 나누기에 적합할 것이라고 생각했다. 그녀는 커피를 한잔 타서 아들에게 건네면서 다음과 같은 대화를 시도했다.

<table>
<tr><th>미 선</th><th>아 들</th></tr>
<tr><td>아들, 잠시 얘기 좀 해도 괜찮을까?</td><td></td></tr>
<tr><td colspan="2">아들이 잠깐 의심스러운 눈초리로 쳐다보았으나 이내 대답했다.</td></tr>
<tr><td></td><td>왜요?</td></tr>
<tr><td>요즘 우리 사이가 어떤 것 같니?</td><td></td></tr>
<tr><td></td><td>괜찮은 것 같은데요. 왜요?</td></tr>
<tr><td>네가 이제 15살이니까, 엄마가 너에게 어떻게 해주길 바라는지 알고 싶네.</td><td></td></tr>
<tr><td colspan="2">아들이 몇 초 동안 엄마의 얼굴을 들여다보았고, 그 동안 미선은 아무 말도 하지 않고 기다려주었다.</td></tr>
<tr><td></td><td>제가 이제 아이가 아닌 만큼, 어린애 취급받고 싶지 않아요. 그런데 엄마는 아직까지 나를 너무 어리게 생각하는 것 같아요.</td></tr>
<tr><td colspan="2">미선은 아들의 말이 사실이 아니라고 말하고 싶은 마음이 굴뚝 같았지만 참았다.</td></tr>
<tr><td>그래? 조금 더 설명을 해주라. 엄마가 15살이었던 적이 너무 오래 전이라서 기억이 잘 나질 않아. 그리고 나는 심지어 여자 아이였잖아.</td><td></td></tr>
</table>

아들은 장난스럽게 이야기 하는 미선의 얘기를 듣고 편안한 마음으로 대화를 이어 가려는 태도를 보였다. 한 시간 정도 이야기를 하고 나서 아들은 미선을 안으며 이야기를 들어줘서 고맙고, 계속 어린애처럼 다루지 않겠다고 이야기 해줘서 다행이라고 말했다. 미선과 아들, 둘 다 점차 아들이 커갈수록 부모-자식의 관계에 변화가 필요하다는 것을 인정했고, 서로 걱정이나 문제가 생길 때 마다 대화를 통해서 꾸준히 변화해가기로 약속했다. 이렇게, 시간이 흐르고 상황이 달라지면서 인간관계의 양상 또한 변화한다. 그렇기에, 변화하는 인간관계 속에서 문제가 생길 때면 서로 대화하고 협상하는 과정이 필요한 것이다. 그 사실을 인지하고, 상대방과의 편안한 대화를 통해 그 변화의 방향을 함께 설정하는 것이 매우 필요하다는 것을 꼭 기억하자.

"긍정적인 태도를 취하고 발걸음을 내딛는 것이 계속 짜증나 있는 것 보다 훨씬 낫다!"

6. 신뢰의 중요성

사회적 자본(social Captial)이 제3의 자본으로서 점점 더 중요해지는 시대를 살아간다. 사회적 자본은 사람과 사람의 관계에서 형성된 자본으로서 가장 중요한 요소가 신뢰이다.

신뢰로 뭉쳐진 사이는 아주 힘이 세다. 그렇다면 인간관계에서 신뢰는 어떻게 형성되고 어떻게 유지되는 것일까? 신뢰(trust)라는 단어 자체가 그 원리를 잊지 않게 도와주는 기억장치가 될 수 있다.

Truth (진실)
Respect (존중)
Understanding (이해)
Space (공간)
Time (시간)

진실은 모든 인간관계에서 매우 중요하다. 진실됨과 존중, 이해와 각자의 사적인 공간을 인정해 주는 것, 그리고 시간을 갖는 것을 통한 신뢰 쌓기는 당신과 당신의 관계에 뿐 아니라 사회전체에 까지 좋은 영향을 끼칠 것이다.

1) 진실(Truth)

진실을 말하는 것은 쉽지 않다. 사실, 현대 사회에서 '경제적인 거짓말', 즉 굳이 거짓을 이야기 하는 것은 아니지만 진실의 전부를 얘기하지 않는 것은 이제 문화의 일부분으로 자리잡았다. 이런 모호한 태도는 인간관계를 맺고 유지하는 것에 어떤 영향을 끼칠까? 대부분의 경우 '경제적인 거짓말' 혹은 '하얀 거짓말'을 하는 이유는 상대방의 기분을 상하게 하지 않기 위해서이다. 하지만 아주 작은 거짓말들이 큰 파국으로 치닫게 되기도 하기도 하는데, 이 장에서는 당신이 어떤 상황에서든 진실을 말할 수 있는 방법을 찾을 수 있도록 도와줄 것이다.

타인과 나 사이의 진실에 대해 이야기 하기에 앞서 먼저 스스로에게 진실된 삶이 어떤 의미를 가지는지 생각해보라. 이 책은 스스로에게 진실된 삶을 본인이 진심으로 원하고 바라는 일을 하면서 살아가는 삶으로 정의 내린다. 만약 당신이 현재 감당할 수 없는 일들을 하고 있고, 그 때문에 많은 스트레스를 받으면서 지내고 있다면 스스로에게 어떤 말을 해줄 것인가? 원하는 변화를 위한 목표를 세우는 과정에서 솔직함은 필수이다. 현재를 객관적인 눈으로 바라보는 것이 앞으로 나아가는데 기반이 되기 때문이다. 만약 아직 까지 스스로에게 조금이라도 거짓말을 하고 있다는 생각이 든다면 마음을 가다듬고 솔직해지리라고 결심한 뒤에 다음 단계를 진행하는 것이 옳다. 지금 당신의 마음과 상황, 감정과 행동에 대해 솔직해지는 것은 삶의 어떤 부분이든지 변화시키고자 한다면 꼭 필요한 것임을 잊어서는 안된다. 솔직해 지기로 결단을 내렸다면 다음의 질문을 스스로에게 던져보라.

첫째, 삶의 문제들이 잘 해결될 때, 그 이유가 당신의 어떤 면 때문이라고 생각하는가?
둘째, 삶이 힘들 때, 그 이유가 당신의 어떤 면 때문이라고 생각하는가?

판단을 내리려고 하거나 비판적인 태도를 버리고 그저 솔직하게 대답해보라. 무조건적으로 격려를 해주고, 현재의 상황에 대한 가치 판단을 내리지 않는 태도는 스스로와 일을 할 때뿐 아니라 다른 사람과 관계를 이어나갈 때도 중요하다. 먼저 솔직하고 진실된 생각을 말한다면 상대방 또한 솔직해 지는 것을 주저하지 않을 확률이 높기 때문이다. 코칭은 현재의 범위 내에서 작동한다. 그렇기 때문에 과거나 미래가 당신의 발목을 잡을 수 없다. "지금 여기가 내가 있는 곳이고, 현재 어느 방향으로, 어떤 길로 나아가고 싶은가?"라는 내적 코치의 질문에 진실되게 대답함을 통해서 계획을 시작할 수 있으며 자기 자신에 대한 믿음을 쌓고, 타인과의 관계에서도 확신을 쌓을 수 있는 것이다.

2) 존중(Respect)

주변을 둘러보면 놀라울 정도로 다양한 사람들을 보게 된다. 세상에는 완전히 똑같은 두 사람이 존재할 수 없으며, 쌍둥이라고 해도 다른 점이 있기 마련이다. 외모뿐 아니라 성격 또한 마찬가지이다. 똑같은 성격을 가진 사람은 존재하지 않는다. 이처럼 모두가 서로와 다르다는 것을 인정하고 받아들인 뒤에서야 우리는 타인의 개성을 존중할 수 있게 된다. 다름을 인정하고 존중하는 것은 인간관계를 맺는데 있어서 매우 중요한 것이다. 뿐만 아니라 우리는 상대방에 대한 존중함을 통해서 존중을 얻을 수 있음을 잊어서는 안된다.

① 성공적으로 유지되고 있는 인간관계를 적어보고, 그 관계 속에서 상대방을 향한 존중을 표현하는 방법을 적어보라.
② 실패한 인간관계를 고르고 상대방을 존중했다면 어떤 방법으로 그 관계가 발전할 수 있었을 것인지 생각해보라.

여러 인간관계 속에서 상대방을 아이처럼 대하지 않는 것이 중요하다. 상대방에게 무엇이 필요한지 당신이 임의적으로 정하고, 가르치려고 하고, 그들에게 대한 모든 것을 안다고 생각하지 마라. 상대방을 아이처럼 대하는 것은 사실 그 상대방을 '위해서' 한다는 명목 하에 있기 때문에 그만하기가 매우 어렵다. 특히나, 때때로 무의식이나 행동 속에서 은연중에 나타나는 태도이기 때문에 더욱 그렇다. "그냥, 네가 잘됐으면 좋겠어서 그러는 거야." "네가 힘들지 않길 바래서 그런 거야"와 같은 말들을 상대를 아이로 바라본다는 증거로 생각할 수 있다. 우리는 상대방을 어린애처럼 대함과 동시에 그의 개성을 인정해주고 존중해 줄 수 없다. 둘 중 한가지만을 선택해야 된다는 것이다. 이 사실은 청소년이나 갓 어른이 된 사람들을 대할 때 더욱 유념해야 한다.

존중이라는 개념은 개방적인 마인드와 솔직함에 기반한다. 다른 사람들의 가치체계와 그들의 믿음을 존중하는 것은 아주 강력한 연결고리가 된다. 당신이 대접받고 존중 받고 싶다면 먼저 상대방을 대접하고 존중하라. 이 부정할 수 없는 진리를 믿고 따르는 사람은 아주 만족스러운 인간관계와 더욱 가까워 질 수 있을 것이다. 이처럼, 자기 자신을 존중하는 것 또한 매우 중요하다. 스스로를 존중한다는 것은 자기 자신이 어떤 삶을 살고 싶은지에 대한 확신을 가지고, 다른 사람들의 말을 무조건적으로 따르지 않아도 된다는 사실을 아는 것이다.

아이들에게 힘 주기

아기들이 스스로 어떤 일을 하기까지는 오랜 시간이 걸리지만, 그들이 주변 세계를 점차 이해하고, 자기 자신을 위해 행동을 취하게 되기까지의 과정은 아주 신기하고 놀랍다. 하지만 아이들은 점차 자라나면서, 주변에 있는 어른들이 모든 것을 해주려고 하고 그 아이가 아무것도 할 수 없다고 믿기만 한다면 혼란스러워 하고, 답답해 하게 된다. 부모님들은 아들이나 딸이 스스로의 인생을 위해서 아무것도 하지 않으려고 하는 것 같다며 푸념하기 전에 혹시 본인들이 그렇게 아이들이 부모에게 의존만 하는 상황을 만들어 내진 않았는지 생각해보아야 한다. 아이들은, 자신이 내린 결정과 그 선택에 따른 결과를 스스로 책임져야 하는 상황에 놓인다면 점점 타인에게 의존하기 보다 생각하는 힘을 길러 현명한 선택을 할 수 있게 된다. 그런 과정의 반복을 통해서 권리와 책임이 함께 따름을 깨닫고, 선택에 따른 결과가 존재한다는 사실을 알게 되는 것이다. 이러한 전체적인 과정은 한 아이로 하여금 본인의 인생을 스스로 이끌어 나가고 변화시킬 수 있는 진정한 힘을 기를 수 있도록 도와준다. 하지만 만약에 부모님이 아이들을 대신해서 선택을 하고, 그 결과 또한 수습해준다면 이런 힘은 절대 길러지지 않을 것이다. 만약에 당신의 아이들이 당신에게 너무 많은 것을 바라고 있고, 너무 많은 의존을 하고 있다면 내적 코칭의 과정을 통해서 아이들에게 직접 선택을 내리고 그 결과를 책임질 수 있는 힘을 길러주어야 한다. 먼저 대화를 통해서 아이들의 생각을 먼저 듣고, 그 생각과 의견을 존중함을 통해서 아이가 스스로 선택을 할 수 있도록 유도하라. 점점 스스로 내린 선택이 많아짐에 따라 의존도는 줄어들 것이며 아이는 가족뿐 아니라 스스로를 위해서 가장 최선의 선택을 할 수 있게 될 것이다.

3) 이해(Understanding)

인간관계를 맺을 때, 상대방의 가치체계와 믿음을 이해하고 받아들이는 모습을 보인다면, 상대방을 믿고 존중하는 태도로 그 관계를 유지할 수 있을 것이다. 타인과의 관계에서, 상대방이 어떤 것을 원하는지, 어떤 것들이 상대방에게 중요한지를 진심으로 이해하고 싶다는 태도를 보여준다면 살아가는데 있어서 큰 힘이 되어줄 연결고리를 구축 할 수 있을 것이다. 이해는 공감에서 비롯된다는 것을 잊지 말자.

상대방이 어떤 기분일지를 이해하려고 하는 것과, 상대방이 어떤 기분일 것이라고 지레짐작하고 믿어버리는 것은 다르다. 상대방이 어떤 감정을 느끼고 있는지를 정확히 아는 것은 불가능 하다. 당신이 상대방과 비슷한 일을 겪어보았다고 해도 개개인이 겪는 상황은 모두에게 다 다른 형태로 다가오기 때문이다. 이런 상황에서 코칭은 당신이 맡은 여러 역할을 잘 이해할 수 있도록 하며, 그에 따라 제대로 된 계획을 세워 인생의 여러 부분들을 즐기고 목표한 바를 성취할 수 있도록 도와준다. 즉 지금 삶에서 어디에 서있는지, 당신이 어떤 감정을 느끼고 있는지, 지금 당신과 함께 하는 사람들의 상태는 어떤지, 그리고 그 사람과의 관계 속에서 당신이 맡은 역할은 무엇인지를 이해하는 것은 인간관계를 맺고 유지하는데 있어서 아주 중요한 부분이 될 것이다. 이처럼 스스로에게 당신이 스스로가 진심으로 원하는 것이 무엇이고 어떤 것을 믿고 있는지 이해하는 모습을 보여준다면 자존감을 향상시킬 수 있을 것이라는 사실을 잊지 말자.

4) 공간(Space)

앞에서 이야기한 이해와 뗄레야 뗄 수 없는 것이 바로 '공간'이다. 신체적, 정신적 그리고 감정적인 거리를 적당히 두는 것은 큰 결정을 내리는데 꼭 필요하다. 스스로에게 사적인 공간을 주고, 생각할 시간을 주는 것은 충동적인 결정을 내리는 삶에서 벗어나는 방법이라고 할 수 있다. 만약 직장을 옮기려고 생각하고 있거나 정리해고를 당한 상황이라면 머릿속에서 공간을 찾아서 스스로에게 가장 중요한 것이 무엇인지 찾아보는 시간을 가져야 한다. 당황스러움이나 두려움을 잠시 억누르고, 제대로 된 결정을 내리기 위해서 필요한 모든 정보를 모아보는 것은 현재 발등에 떨어진 불을 끄는데 가장 효과적이다. 그 과정에서 우리는 이러한 사적이고 정신적인 공간을 침범하는 생각이나 사람들을 경계해야 한다는 것을 기억해야 한다. 이런 사람들은 대부분, 상대방이 더 좋은 방향으로 변화하여 행복한 인생을 찾는 것을 보았을 때 느끼는 상실감을 피하기 위해서 상대방이 변화하는 것 자체를 방해하는 사람들이다. 예를 들어서, 모든 사람들이 다 아주 축축하고 더러운 곳에 갇혀있다고 생각해보자. 아마도 모두가 똑같은 상황에 처해있기 때문에 아무도 상실감이나 불안감을 느끼지 않을 것이다. 그러나 한 사람이 용기를 가지고 그 곳을 탈출한다면, 남아있는 사람들은 변화를 해야 한다는 부담감을 가지게 되거나 탈출한 사람과 자신의 상황을 비교하며 자괴감을 느끼게 된다. 그런 상황을 겪지 않기 위해서 아무도 변화하지 않게 방해하는 사람들을 꼭 경계해야 한다. 자, 여기서 당신은 어떤 선택을 내릴 수 있는가? 아마 포기하고 다시 그 축축하고 더러운 곳으로 내려가서 살 수도 있고, 내적 코칭을 통한 긍정적인 용기로 무장하여 새로운 세상을 찾을 수도 있을 것이다. 내면의 소리에 귀 기울이며 언제나 잠재력에 대한 전폭적인 믿음을 보여주는 코칭은 혼자가 될 수 있는 신체적 혹은 정신적 공간에서 마음 깊은 곳에서 바라는 바가 무엇인지 생각해 볼 수 있도록 한다. 꼭 당신만의 미래를 계획하는 공간을 찾아서 아무의 방해도 받지 않고 스스로를 위한 결정을 내릴 수 있기를 바란다.

"진짜 중요한 것이 무엇인지 생각해 볼 수 있는 나만의 공간을 찾아라!"

5) 시간(Time)

앞으로 무슨 일을 할지 계획할 때, 어떤 시제의 단어들을 사용하는가? 만약 미래에 있을 일을 묘사할 때 사용되는 미래 시제를 사용한다면 내일은 절대 오지 않는 다는 사실을 기억해야 한다. 당신이 가진 전부는 '지금' 뿐이다. 미래는 절대 겪을 수 없는 것이며 과거는 절대 되돌릴 수 없는 것이다. 그렇기 때문에 어떤 변화를 일으킬 지, 어떤 방법으로 변화할지 고민하는 과정을 끝내고, 결정을 내렸다면 지금 당장 행동으로 실현하라. 지금이 가장 좋은 때이다.

무엇이 "지금 바로 하자!"는 태도를 취하는 것을 어렵게 만드는가? 많은 사람들은 시간이 없어서, 혹은 지금 하고 있는 일이 너무 많아서 라고 대답할 것이다. 이 대답은 사실로 간주되곤 하는데, 진실은 그렇지 않다. 요즘 사회에서는 개인이 하고 있는 일과 해야 하는 일이 너무 많아서 어떤 일이 진짜 필요한 일이고, 어떤 일이 필요 없는 일인지에 대한 생각을 할 수 조차 없는데, 이렇게 일의 중요도에 대한 생각을 하다 보면 지금 하고 있는 일이 모두 꼭 필요한 일이 아님을 깨닫게 될 것이다. 계속 바쁘게 살다 보면 성공할 수 있을 것이라는 잘못된 믿음은 버려야 한다. 당신이 왜 그렇게 바쁜지, 꼭 필요한 일들만 하고 있는 것이 맞는지에 대해 적극적으로 생각하고, 내면의 소리를 들으려고 노력하다 보면 어떻게 지금 당장 변화를 일으킬 수 있는지 알 수 있을 것이다. 코칭은 당신이 일의 우선순위를 파악하고, 그 우선순위에 따라 시간을 분배할 수 있다는 것을 믿는다. 급하게 일을 처리하는 것은 생각할 시간을 없애고, 올바른 결정을 내리는 것을 어렵게 만들기에 지금 하고 있는 일을 잠시 멈추고 상황을 분석하는 시간을 가지는 것이 필요하다. 경중완급을 스스로 판단할 수 있어야 하고, 스스로가 할 수 있을 만큼의 일을 맡고, 그 일을 끝내기에 충분한 시간을 두고 꼼꼼히 일을 진행하면서 성공해내는 것은 직장과 인생에서 신뢰가 기반이 된 인간관계를 맺는데 도움이 될 것임을 잊지 말자.

7. 나에게 중요한 가치

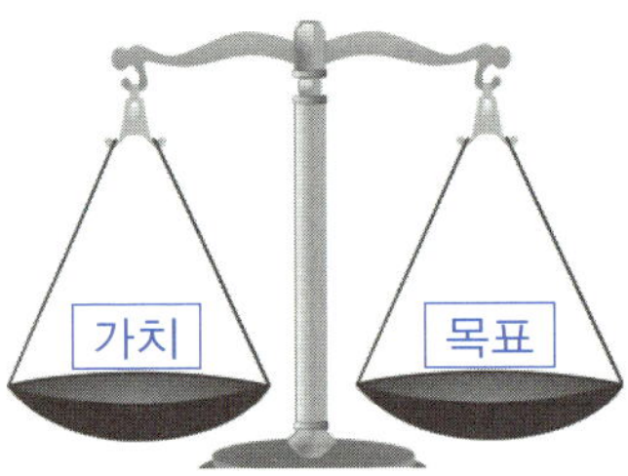

목표하는 삶의 기초를 쌓는 것은 당신이 무엇을 중요시 하는지 파악하는 과정을 포함하는데, 진실, 존중과 이해는 우리가 핵심 가치라고 부를 수 있는 가치체계의 가장 중요한 부분에 해당한다. 이제, 이 부분에 대해 생각하고 파악하기 위한 시간을 가져보자. 인생에서 당신이 가치있다고 여기는 것들이 무엇인지를 아는 것은 왜 중요할까? 한 개인의 가치관은 생각을 형성하고, 그 생각은 사람 자체를 만들기 때문이다. 우선시

하는 가치들을 지키면서 살아가기 위해 노력하고, 노력의 결과로 소중한 가치를 지켜낼 수 있다면 인생은 더욱 만족스럽고 풍성할 것이다.

1) 가치는 어디에서 나오는가?

몇 가지 가치는 유년 시절부터 형성된다. 가족에게서 혹은 학교 선생님이나 친구들에게서 받은 영향 때문일 수도 있고, 속해 있는 종교나 문화 때문일 수도 있다. 대부분의 경우에 우리는 이런 가치를 중시하고 있다는 것 자체를 인식하지 못하기 때문에 그 가치에 반하는 상황에 맞닥뜨려 서야 본인이 그런 가치관을 가지고 있었다는 것을 느끼는 것이 다반사이기도 하다. 어떤 일을 해달라고 제안을 받았을 때, 당시에는 알겠다고 수긍했지만 시간이 지나 그 일을 직접 하면서 꺼리낌을 느끼는 경우처럼 말이다. 당신과 당신의 삶에 포함되어 있는 여러 사람들에게 어떤 가치와 요소가 중요한지를 이해하기 위한 시간을 갖는 것은 아주 끈끈한 인간관계를 만들 수 있게 도와준다. 개인이 가지고 있는 가치관과 종교관을 인정받고 나서야 함께 성취하고자 하는 목표를 세울 수 있기 때문이다. 가치관, 믿음 그리고 목표가 한 곳을 향해 있을 때 일을 가장 잘 할 수 있는 환경이 조성되는데, 개인의 가치관이 그 사람의 태도나 행동의 기초적인 동력인 만큼, 위에서 말한 세 가지가 잘 버무려진다면 아주 순탄하게 목표를 성취할 수 있을 것이다. 살아가면서 지키고자 하는 가치에는 어떤 것들이 있는지 파악하는 것은 삶을 살아가는 '나만의' 방법이 있을 뿐, '올바른' 방법은 없다는 것을 일깨워준다. 스스로의 가치관과 믿음을 알게 되는 것은 지금 변화하고자 하는 분야에서 변화하지 못하고 있는 이유를 파악하는데도 도움을 준다. 이렇게 변화를 가로막는 장애물을 파악하고, 해결함을 통해서 당신은 더 행복하고 재미있는, 적어도 이전보다는 선택권이 더 많아진 삶을 살게 될 것이다.

2) 자신의 핵심가치 분석하기

당신이 평소에 중요하게 생각하는 것들이 무엇인지를 고민하면서 당신만의 핵심가치를 찾는 것이 중요하다. 원하는 대로 인생이 흘러간다고 생각했을 때를 떠올리며 질문에 답해보라.

첫째, 어떤 일을 하고 있었는가?
둘째, 어떤 기분이 들었는가?
셋째, 그 상황에서, 어떤 핵심 가치들을 지킬 수 있었는가?

이제, 인생이 힘들고 원하는 대로 되지 않는다고 생각했을 때를 떠올려보라.

첫째, 위의 상황과 어떤 점이 달랐는가?
둘째, 어떤 핵심 가치를 지키지 못했는가?

다음은 당신의 핵심 가치관을 알아보기 위한 질문들이다.

첫째, 90번째 생일을 축하하는 파티를 하고 있다고 상상했을 때, 인생의 어떤 면들을 축하하고 있을 것 같은가?
둘째, 가장 만족스럽다는 기분을 느낄 때 어떤 일을 하고 있는가?
셋째, 무엇이 동기를 부여해주는가?

3) 핵심 가치 명확히 하기

핵심 가치들이 당신에게 어떤 의미로 다가오고, 어떤 역할을 하는지 명확히 하기 위해 시간을 가지는 것이 필요하다. 예를 들어서, 당신의 삶에서 가장 중요한 것이 가족이라고 치자. 여기서 가족이라는 단어는 핵심 가치나 가치관이 아니라 한 개념일 뿐이다. 개념은 취미, 재미, 가족, 배우자, 집, 가정, 일처럼 여러 사람들에게 다른 의미로 받아들여질 수 있는 단어이다. "나에게 가족은 무엇을 대표하는 것일까?"와 같이 더 깊은 질문을 던져야만 그 개념이 어떤 가치로 이어지는지 알 수 있다. (이런 질문에는 대답이 있을 수 있다는 것을 기억하자.) 만약 당신이 가족을 중요시하는데, 가족이라는 것이 베풀고 싶은 대상을 대표한다면 당신은 아마 가족에게 더 많은 것을 주고 싶다고 생각할 것이다. 그에 따라, 가족과 잠시 떨어져 있어야 하지만 임금이 더 높고 더 많은 돈을 벌 수 있는 직장은 당신에게 큰 스트레스를 주지 않을 것이다. 가족을 위해서 돈을 많이 벌어서 많은 것을 주는 것이 당신의 가치관에 부합하기 때문이다. 하지만 만약 당신에게 가족이 함께 많은 시간을 보내고 싶은 존재를 대표한다면 아무리 월급이 많다고 해도 가족과 함께 할 시간이 없다면 큰 스트레스로 다가올 것이다. 이처럼 개개인은 모두 특별하고 독특한 존재이기 때문에 내적 생각에 귀를 기울이는 코칭을 통해 본인은 어떤 존재이고 어떤 가치를 중시하는지 파악해야 한다.

활동 가치 바퀴 찾기

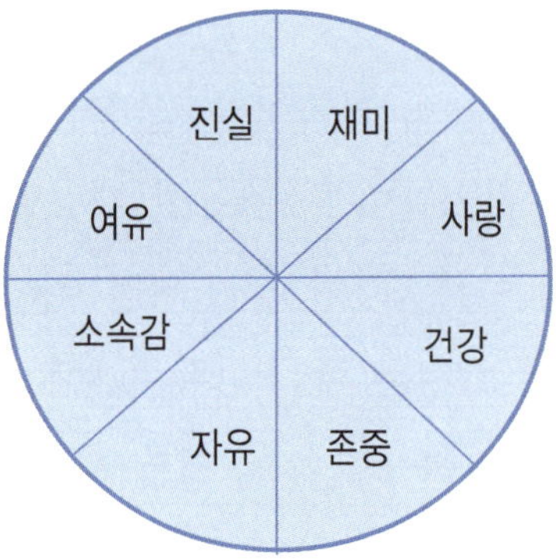

삶의 바퀴 활동에서 했듯이, 다음과 같이 원모양의 각 부분에 본인이 중시하는 가치를 적어 보자. 그리고 이런 가치가 삶에서 얼마나 중요한지 생각해보고 각 부분을 중요한 만큼 색칠해보자. 5등분 할 수도 있고, 10등분 해서 색칠을 할 수도 있을 것이다. 이 활동을 통해서 평소에 가장 중요시하는 핵심 가치를 한눈에 파악할 수 있을 것이다.

윤도의 예시

윤도는 가치 바퀴 찾기 활동의 결과로, 그가 삶에서 건강을 가장 중시한다는 것을 깨달았다. 여유롭고 건강한 삶을 살고 있다는 기분이 들어야만 행복하다는 생각이 들었기 때문이다. 행복한 삶을 위하여 윤도는 다음과 같이 행동하기로 결심했다.

① 일주일에 세 번씩 꼭 헬스장에 가겠다.
② 매일매일 물을 2ℓ 이상 마시겠다.
③ 매일 정시에 퇴근을 하겠다.
④ 일주일 중 하루 저녁은 친구와 함께 웃으면서 보내겠다.
⑤ 최대한 신선한 음식을 먹겠다.

그가 스스로 정의한 건강한 삶을 살아가기 위해 윤도는 위의 목표 리스트를 설정했고 따르기로 결심했다. 윤도의 경우와 같이, 삶에서 어떤 가치를 가장 중시하는지를 파악하는 것은 어떤 목표를 세워야 하는지 아는데 도움이 될 것이며, 그 목표를 이루어 나가는 과정에서도 큰 동력이 될 것이다.

4) 스스로의 가치 체계 존중하기

가치의 우선순위를 정하고 나서, 각각의 가치를 당신만의 방법으로 정의 내려보라. 그리고 다음과 같은 질문을 통해서, 일상생활에서 가치관에 따라 살기 위해서 어떤 일들을 하는지 곰곰이 생각해보자.

첫째, 살아가는 매 순간순간 마다 어떻게 내가 중시하는 가치를 표현하는가?

둘째, 내가 중요하게 여기는 가치 중에 매번 버려지는 것이 있는가?

셋째, 그렇다면, 어떻게 하면 그 가치를 지킬 수 있을까?

넷째, 나의 직업이 어떻게 나의 가치 체계를 지키거나 무너뜨리고 있는가?

잠시 삶의 바퀴 (삶의 동그라미)에 대해 생각해보라. 어떻게 하면 지금 하고 있는 여러가지 일들을 균형 맞춰 유지할 수 있을까?

5) 일과 삶 균형 맞추기

당신이 아침에 눈을 뜨는 이유는 무엇인가? 만족스러운 직업을 가지고 있고, 퇴근 후에 재미있거나 하고 싶은 일이 있기 때문인가? 아니면 마지못해 인생에 끌려 다니는 듯한 기분으로 아침을 맞이 하는가? 매일매일 미래가 당신을 위해 남겨둔 재미있는 일들이 일어나기를 기대하며 아침을 맞이한다면 기분이 어떻겠는가? 만약 당신의 삶 속에서 일과 여가의 균형이 무너져 있다면, 어떻게 하면 그 균형을 다시 맞출 수 있을지 생각해보라. 동훈의 예시를 살펴보자.

동훈의 예시

동훈은 두 아이를 가진 40대 중반의 아저씨이다. 그는 점점 시간이 지날수록 불만족스러운 삶의 질 때문에 많은 고민을 하고 있었다. 그의 하루는 정신 없이 지나갔다. 아침 6시에 겨우겨우 일어나 도로 위의 정체를 뚫고 직장에 도착한 후 하루 종일 재미없는 일을 하고 아이들이 다 잠이든 밤이 되어서야 퇴근할 수 있었다. 집에 와서는 텔레비전 앞에 앉아서 대충 끼니를 때우고 또 똑같은 일상을 반복하기 전 에너지 보충을 위해 쓰러지듯이 잠들었다. 동훈은 적어도 아이들이 다 클 때까지는 이 일상을 반복해야 한다는 생각에 괴로웠다. 승진을 하거나 전근을 가게 될 수도 있겠지만, 쳇바퀴 돌 듯 돌아가는 일상은 변화의 기미가 보이지 않았다. 동훈의 내적 코치는 그의 인생에서 무엇이 중요한지를 생각하고 깨닫게 하게끔 이끌었다. 그 첫 번째 단계는 자신의 핵심 가치를 파악하는 것이었다. 동훈의 머릿속에 가족이 가장 먼저 떠올랐고, 내적 코치는 가족이라는 개념이 그에게 어떤 의미를 가지고 있으며 어떤 가치들을 대표하는지 파악할 수 있도록 여러 질문을 던졌다. 동훈은 매번 야근을 할 때마다 가족과 함께 보내는 시간이 줄어든다는 사실 때문에 스트레스를 받곤 했는데, 그가 가족과 함께 여유로운 시간을 보내는 것을 매우 중요히 여기는 사람이었기 때문이었다. 이렇게 머릿속에 떠오르는 개념이 자신에게 어떤 의미로 다가오는지 생각하는 과정을 통해 그는 8개의 핵심 가치를 파악했다. 재미, 솔직함, 사랑, 소속감, 진실성, 건강, 존경, 그리고 창의성이 그 8가지였는데, 동훈은 가치 바퀴를 만드는 활동을 통해서 현재 삶에서 그런 가치를 얼마나 지키고 있는지 알아보았다. 그는 소속감을 느끼는 것이 이상적으로는 그에게 아주 중요한 가치이지만 현실에서 잘 실현시키지 못하고 있다는 것을 깨달았다. 창의력도 많이 사용하지 못하고 있다는 것을 느꼈다. 예전에는 골동품을 복원하는 취미가 있었지만 근 몇 년간 그럴 시간과 에너지가 없어서 손을 놓고 있었던 것이 생각났다. 그날 저녁, 동훈은 아내와 마주 앉아서 자신의 심정을 털어놓고,

가족 전체가 더 나은 삶을 살기 위해서는 어떻게 하는 것이 좋을지 고민했다. 많은 아이디어가 오고 갔는데, 그 과정에서 동훈은 골동품 복원 사업을 진심으로 해보고 싶다는 생각을 하게 되었다. 아내는 그의 이야기를 곰곰이 들으면서 그의 열정과 진심을 느낄 수 있었다. 부부는 함께 동훈의 아이디어를 실현시킬 수 있는 방법을 찾기 위해 노력함과 동시에, 그 결정이 가족 전체에게 어떤 영향을 끼칠 것인지 분석해보기로 했다. 지금까지 동훈은 직장을 꾸준히 잘 다니고 있었지만 가족 전체가 부담해야 하는 정신적, 감정적 비용이 너무 크다는 것에 공감했고, 가지고 있는 아주 크고 매력적인 집을 팔아 조그만 작업장이 딸린 집으로 이사를 가기로 결심했다. 부부는 큰 집을 팔아서 골동품 사업을 시작할 수 있는 공간이 딸린 집으로 이사를 갔고, 약간 남은 돈을 연금에 투자했다. 동훈은 지금도 열심히 일하고 있지만 지금은 가족과 함께 집에서 일을 하면서 매 순간을 행복하게 살아가고 있다. 아내 또한 동훈이 행복한 마음으로 집안일을 많이 도와줄 수 있게 되어 사회생활과 육아를 모두 하는 부담이 줄었다. 요리를 하면서 창의력을 발산시키고 아이들과 가까이 지내는 것을 통해 소속감을 느끼면서 동훈은 삶의 질이 아주 향상되었음을 절실히 느낄 수 있었다.

8. 자존감의 중요성

우리가 스스로에게 메기는 가치인 자존감은 변화를 일으키는데 큰 영향을 미친다. 대부분의 사람들은 실직이나 이혼, 은퇴나 스트레스와 같이 자존감을 저하시키는 일이 닥쳐도 언젠가는 적응을 하게 된다. 하지만, 그래도 이런 일들은 우리를 감정의 소용돌이로 몰아넣곤 한다. 윌리엄 스튜어트는 『자존감 쌓기』라는 책에서 자존감에 관한 문제를 갖고 있는 사람들을 세 부류로 나누어 정리한다.

1	주로 자신감 있지만 자존감이 갑작스레 타격을 받은 사람.	예상치 못한 실직처럼, 생각하지 못했던 일들은 누구보다 자신감 있었던 사람이라도 자존감을 저하시킬 수 있는 요인이 된다.
2	항상 자존감이 낮은 사람.	이 부류의 사람들은 스스로를 가치 있는 존재라고 여기지 않는다. 이는 인생의 여러 순간에서 부정적인 경험이나 말을 많이 듣고, 부정적으로 생각했기 때문일 수 있다. 이들에게는 삶에서 즐거움을 찾는 것 자체가 고역이다.
3	직장에서 안식처를 찾는 사람.	이런 사람은 누군가가 자신을 필요로 해줬으면 한다. 인정받고 싶고, 그런 인정을 통해서 자존감이 형성되는 것이다. 하지만 직장을 벗어나면 바로 아무도 자신을 필요로 하지 않는 것 같아 자존감이 급속도로 떨어진다. 이와 같은 사람은 지금과 같이 구조조정이 만연한 사회에서 더욱 좌절하기 쉽다.

1) 자존감 측정하기

“당신은 어떤 타고난 재능을 가지고 있는가?”라는 질문에 쉽게 대답할 수 있는가? 만약 아니라면, 자존감이 어느 정도 되는지 측정하는 이 활동은 당신에게 꼭 필요한 활동일 것이다. 코칭의 과정에서 당신의 자존감이 어느 정도 되는지를 파악하는 것은 매우 중요하며 목표를 설정하고, 작은 계획을 세울 때 많은 영향을 준다. 그러므로 다음의 질문에 하며 본인의 자존감이 스펙트럼의 어느 쪽에 위치하는지 살펴보라. 본인이 해당하는 위치 즈음에 표시하면 된다.

내 용	그렇다 보통이다 아니다
① 나는 노력하면 무엇이든 할 수 있다는 것을 믿는다	
② 일이 원하는 대로 풀리지 않더라도 그 결과에 대한 책임을 질 수 있다.	
③ 일이 원하는 대로 흘러가는 상황에서, 내가 무슨 역할을 했는지 파악할 수 있다.	
④ 나는 지금 살고 있는 인생이 행복하다고 생각한다.	
⑤ 나는 주변의 친구나 사람들과 동등하다고 생각한다.	
⑥ 나는 내 인생과 미래에 대한 진지한 고민을 한다.	
⑦ 나는 목표를 달성하기 위한 위험을 감수할 준비가 되어있다.	
⑧ 나는 행복, 기쁨과 같은 긍정적인 감정을 느낀다.	
⑨ 나는 스스로를 위해서 자기계발을 위한 활동을 한다.	
⑩ 나는 현재 내 삶의 좋은 점들을 감사히 여긴다.	

2) 스스로 코칭하기

지금까지 책을 통해 느꼈겠지만, 코칭은 과거를 다루지 않는다. 그렇기 때문에 당신의 자존감이 낮든 높든, 그 이유를 찾기 위해 과거를 탐색하는 것은 하지 않는다. 반면에 코칭은 미래에 당신이 원하는 모습으로 살아가기 위해서 현재를 분석하고, 어떻게 고치고 변할 수 있는지를 탐색한다. 자존감이 높은 것은 스스로가 많은 가치를 갖고 있다고 생각하는 것과 같으며, 낮은 자존감은 스스로나 타인에게서 부정적인 평가를 받는 것에서 시작된다. 자존감을 높이기 위해서는 현재 자기 자신의 모습을 직시하고, 분석한 후 앞으로 어떤 모습이 되고 싶은지에 대한 목표를 설정하는 것이 필요하다. 만약 스스로에 대한 평가가 수학적 능력이나 언어적 능력만을 메기고 기록하는 교육 시스템에서 비롯되었다는 생각이 든다면 다중지능표를 보고 어떤 다른 지능이 있는지, 그 중 당신이 가진 재능은 어떤 것들이 있는지 살펴보아라. 다른 사람들이 당신에 대해 했던 이야기를 기반으로 하여 내린 스스로에 대한 평가는 당신이 정말로 어떤 사람인지와는 전혀 상관이 없을 수도 있다. 다음 질문에 대답하면서 자기 자신을 파악해보자.

첫째, 당신을 특별하게 만드는 10가지를 적어보아라.
둘째, 당신이 잘하는 10가지를 적어보아라. ('이를 잘 닦는다'와 같이 사소한 것이더라도!)

셋째, 당신을 독특하게 만드는 것에는 무엇이 있는가?
넷째, 현재 감사한 10가지를 적어보아라.

매일매일 그날 감사했던 것 10가지를 적는 것으로 하루를 마감한다면 자존감을 높이고 긍정적인 태도를 가지는데 도움이 될 것이다.

3) 다중지능이론

다중지능이론은 학습과 발전 분야에서 많이 연구 되어 왔다. 저명한 이론을 발표한 학자 중 몇 명을 꼽자면, 하워드 가드너(Howard Gardner), 다니엘 골먼(Daniel Goelman) 그리고 다나 조하르 (Danah Zohar)가 있다. 각각의 학자들 마다 주장하는 지능의 수와 각각의 지능에 대한 설명은 다 다르지만, 다음은 다중지능이론의 간단한 요약이다.

① 언어적 지능: 읽고 쓰는 능력이 얼마나 뛰어난가?
② 수학적 지능: 계산을 즐기고, 논리적이고 체계적으로 생각하는가?
③ 공간적 지능: 큰 그림을 볼 수 있고 결과를 시각화할 수 있는가?
④ 신체적 지능: 신체를 사용하는 활동을 잘 수행할 수 있는가?
⑤ 음악적 지능: 음을 잘 찾고 음악이 인간의 감정에 끼치는

영향을 잘 이해할 수 있는가?

⑥ 자연적 지능: 자연과 인간 본연의 모습에 관심이 많고 통찰력이 뛰어난가?

⑦ 대인관계 지능: 다른 사람들과 잘 어울릴 수 있으며 공감능력이 뛰어난가?

⑧ 개인간 지능: 스스로를 잘 이해할 수 있는가?

⑨ 영적 지능: 눈에 보이는 세상 이상의 것을 느낄 수 있는가?

9. SMART 모델

내적 코치를 활성화시키면서 당신의 생각을 정리하기 위한 간단한 방법을 소개하려고 한다. 지금 설명하고자 하는 SMART 모델은 당신이 마구잡이로 떠오르는 생각을 깔끔하게 정리하고 목표를 설정하여 아주 명확한 계획을 세울 수 있게 도와줄 것이다.

Specific (구체적으로 자세히 하기)	정말로 이루고자 하는 것이 무엇인가?
Measurable (측정하기)	변화를 어떻게 측정할 것인가?
Appealing (동기부여하기)	이 목표를 위해 어떻게 동기를 부여할 것인가?
Realistic (현실적이기)	이 목표가 얼마나 현실적인가?
Timed (시간 설정하기)	이 목표를 언제까지 이룰 것인가?

한나의 예시

한나는 너무나 날씬해지고 싶었다. 그러나 매번 다이어트는 3일을 넘기지 못했고, 그녀는 어느 순간 예전의 식습관으로 돌아와 있었다. 그럴 때마다 한나는 좌절감을 느꼈고, 그 기분을 없애기 위해서 평소보다 더 많은 음식을 먹곤 했는데, 이는 살을 더 찌우는 아주 끔찍한 결과를 가지고 왔다. 한나는 점점 "너는 의지박약이야. 연예인들은 아이를 낳고 난 뒤에도 몸매가 아주 완벽한데 너는 대체 뭐 하는 거야?" 와 같이 자신을 비난하는 생각을 하기 시작했다. 그녀의 자존감은 땅을 쳤다.

Specific (자세히 하기)	더 작은 사이즈의 옷이 맞을 만큼 살을 뺄 것이다.
Measurable (측정하기)	옷 사이즈를 통해서 측정할 것이다. 매일 매일 몸무게를 재는 것은 너무 스트레스가 크기 때문에 지양한다.
Appealing (동기부여하기)	여름에 아주 멋진 몸매로 비키니를 입고 있는 자신을 상상한다.
Realistic (현실적이기)	여름까지 6개월 정도가 남아 있으니 지금 당장 시작한다면 충분히 가능하다.
Timed (시간 설정하기)	6월 30일까지 원하는 사이즈의 옷이 맞을 수 있도록 살을 뺄 것이고 7월 12일부터 시작하는 방학 동안 멋지게 비키니를 입을 것이다.

그러나 한나의 내적 코치는 그녀가 원하는 바를 모두 이룰 수 있는 잠재력과 능력이 있다는 것을 전적으로 믿었고, 그녀가 목표를 작은 단계로 나눠서 접근할 수 있도록 하는 것이 중요하다고 생각했다. 이런

상황에서 그녀의 내적 코치는 SMART 모델을 사용하여 한나가 계획을 세울 수 있도록 도와주었다.

한나는 목표에 집중하려고 노력했다. 그녀는 부엌에 날씬했던 자신의 모습의 옛적 사진을 가득 붙여 놓았고, 그 사진을 보면서 더 이를 악물고 운동을 하기로 결심했다. 날씬 했던 모습을 자꾸 보며 자신이 예전의 모습으로 돌아갈 수 있을 것이라는 생각이 들면서 점점 자존감도 높아졌다. 고비가 올 때면 내적 코치를 불러 따듯한 격려를 듣고, 긍정적인 생각하는 것을 통해서 이겨내려고 노력했다. 한나는 과거에 계속되었던 실패를 생각하지 않았다. 변화될 미래를 바라보았고, 현재에 집중했다. 그녀의 내적 코치는 스스로를 비난하거나 판단하지 않을 수 있도록 이끌었고 큰 목표를 작은 단계로 나누고, SMART 모델을 통해 분석하는 것을 통해서 목표에 한 발짝 다가갈 수 있도록 도와주었다.

1) 성공하기 위해 필요한 것

다음의 질문에 답해보라. 질문에 대한 답을 통해 더 나은 생활을 위해 현재 당신의 삶에 꼭 필요한 목표를 파악하고 설정할 수 있을 것이다.

첫째, 매주 당신이 할 수 있는 아주 기대되는 활동에는 어떤 것이 있는가?

둘째, 긴장과 스트레스에서 벗어나기 위해 할 수 있는 것에는 무엇이 있는가?

셋째, 긍정적인 생각을 증가시키기 위해서 무엇을 읽거나 듣고 싶은가?

넷째, 얼마나 독립적으로 결정을 내리는가?

다섯째, 만약 당신이 타인에게 의존하여 결정을 내리고 있다면, 독립적으로 변하기 위해서 무엇이 필요한가?

10. 새로운 변화

변화와 생각, 그리고 감정의 연관성에 대해 조금 더 깊이 생각해보자. 변화하기로 결심하고 그 결심을 실현하는 것 자체가 바로 도전인데, 만약 주변에서 아무런 응원도 해주지 않는 다면 그 과정은 더욱 힘들 것이다. 다음의 그림은 변화와 관련된 여러 요소들의 관계를 보여주는 그림이다. 이 책의 여러 활동을 통해서 향상시킨 스스로를 향한 믿음과 본인의 핵심 가치는 목표를 이루는 과정의 기반이 된다. 의미 있고 지속 가능한 변화를 일으키고 싶다면, 이렇게 '변화의 집'의 네 부분을 모두 잘 살펴보아야 한다. 4가지 중 하나만 바꾼다면 변화가 장기적으로 지속될 수 없기 때문이다. 태도는 긍정적으로 변화시켰지만 꾸준히 부정적인 생각을 한다면 계속 갈

팡질팡 하여 변화를 포기하는 상황에 까지 다다를 수 있다는 것이다. 예를 들어서, 일주일에 3번 조깅을 하기로 결심하여 태도를 변화시켰지만 계속 "너는 할 수 없어. 이걸 어떻게 계속 하냐?"와 같은 부정적인 생각을 한다면 그 결심은 길어 봤자 1주일 동안 밖에 지속되지 않을 것이다. 반면에, 만약 당신이 생각과 감정을 변화시켰지만 태도는 그대로 유지한다면 사실 가시적인 변화는 일어나지 않을 것이다. 예를 들어서, 당신이 여름 휴가를 위해서 저축을 해야겠다고 생각하고, 그런 생각의 변화를 기분 좋게 받아들인다고 하더라도 실제로 태도를 변화시켜 행동으로 저축하지 않는다면 돈은 절대 모이지 않을 것이다. '로마는 하룻밤에 지어지지 않았다' 라는 속담이 말해주듯이, 변화를 일으키기 위해서는 시간과 노력을 들여서 천천히, 그리고 꼼꼼하게 행동해야 한다. 집을 지을 때에 건축의 모든 과정이 안전하고 멋있는 집을 위해서 필수적인 과정이며 한 부분을 그냥 넘겨 버리면 집이 무너지는 것처럼, 변화를 할 때에도 여러 방면을 꼼꼼히 살펴보아야 한다. 속사포로 쌓아 올린 집은 금세 무너진다는 것을 잊지 말자.

제 4 강

3단계 : 목표 삶 설정하기

제4강 3단계 : 목표 삶 설정하기

이제 당신은 목표하는 삶의 그림을 매일매일 조금씩 그려나갈 준비가 되었다. 앞에서는 당신이 따라할 수 있는 코칭의 쉬운 예시를 보여주고 이야기 했다면 지금부터는 삶의 8가지 분야에서 무엇이 어떻게 중요하고 지속 가능한 변화를 일으킬 수 있을지에 대한 이야기를 하려고 한다. 삶의 8가지 분야란, 앞서 했던 '삶의 바퀴' 활동에서 선택했던 8가지 분야로, 환경, 내적 성장, 금전적 상황, 가족, 인간관계, 재미와 여유, 일과 직장 그리고 건강을 말한다. (만약 인생의 다른 분야에 대해 생각해보고 싶다면 본인이 원하는 분야로 적용하는 것도 좋다.) 위의 여덟 분야는 모두 이상적인 삶을 구성하는 일부분이며, 서로 멀리 떨어져 있는 분야가 아니라는 것을 알 수 있을 것이다. 만약 당신이 직장에서의 변화를 꾀한다면, 내적 성장 혹은 가족과 연관된 변화가 일어나야 할 수도 있으며 금전적인 상황의 변화를 이끌어내기 위해서는 일과 직장 혹은 재미와 여유 분야의 변화가 필요할 수도 있는 것처럼 말이다.

1. '풍부함'이란?

본론으로 들어가기 전에, '풍부함'이라는 개념에 대한 생각해 보자. 풍부하다는 것은 그저 금전적으로 풍요롭다는 것만을 뜻하는 것이 아니라 무궁무진한 잠재력과 가능성을 의미하기도 한다. 요즘 돈 만이 행복을 향한 열쇠가 아니라는 사실을 깨닫고 삶의 방식을 변화시키는 사람들이 점점 많아지고 있다. 월급을 많이 벌기 위해서 스트레스를 끊임없이 받아야 하는, 아주 질 낮은 삶을 지양하는 것이다. 한 달에 얼마를 버는지 혹은 직급이 무엇인지가 행복을 보증해줄 수 없으며 자아실현을 하게 도와주지도 않는다. 한 개인은 그가 지키고자 하는 가치관, 함께 하고자 하는 동반자, 그리고 즐겨 하는 활동 등을 기반으로 하여 정의내려질 수 있지, 통장 잔고로 판단될 수 없다는 것이다. 당신의 가치관에 부합하는 삶을 살아갈 때 진정한 행복이 생겨난다는 것을 꼭 기억하자.

지금 살고 있는 삶에서 어떤 풍부함을 느끼고 있는가? 당신이 '풍부한' 무엇인가를 가지고 있다는 긍정적인 증거를 찾는 것이

새 삶을 향한 첫 발걸음이 될 수 있을 것이다. 처음에는 당신의 인생에 풍부한 것은 아무것도 없다고 느낄 수도 있다. 만약 당신이 스스로가 풍부한 잠재력을 지녔다는 사실을 받아들이는데 어려움을 겪고 있거나, 자꾸만 부족한 것들에 집중하고 있다면 당장 그만둬라. 자꾸 부정적인 생각을 하면 할수록 원하는 바와는 멀어지기 때문이다. 명백히 눈에 보이는 풍부함이 아니더라도 자세히 생각해보라. 사랑하는 가족과 친구가 있고, 읽고 싶은 책이 있으며, 듣고 싶은 노래가 있고, 입고 싶은 옷이 있다는 것 자체가 풍족한 삶을 살고 있다는 사실의 증거이다.

우리는 모두 풍족한 세상에서 살고 있다. 이런 풍족함을 나누기 위해서는 먼저 자신이 감정적으로, 정신적으로 풍부한 잠재력을 지니고 있다는 사실을 인지해야 한다. 그렇게 먼저 스스로를 챙기고, 변화를 하다 보면 당신이 세상에 끼칠 수 있는 영향은 생각보다 더 크고 많다는 사실을 깨달을 수 있을 것이다.

"행복은 우리 안에서 생겨난다!"

1) TGROW 모델

삶의 여러 부분들을 변화시킬 때 사용할 수 있는 TGROW 모델을 소개하려고 한다. 1980년대 후반에 존 휘트모어(John Whitmore)가 만든 이 모델은 내적 코치가 당신이 목표에 가까워 질 수 있

Topic	(주제)
Goal	(목표)
Reality	(현실)
Options	(선택지)
Way forward	(실행)

도록 돕는 과정에서 사용될 수 있다. 오랜 시간 동안, 목표에 집중하고 잠재력을 최대한 끌어낼 수 있도록 이끌어주는 방법으로 여겨져 왔다. 이제, 목표에 대한 생각을 정리할 수 있도록 구조를 잡아주는 TGROW 모델을 자세히 살펴보자.

Topic (주제)

지금 당장 인생의 어떤 부분을 변화시키고 싶은가? 머릿속에 딱히 떠오르는 것이 없거나, 반대로 너무 많은 부분들이 떠오른다면 앞서 했던 삶의 바퀴 활동의 결과를 다시 한번 보면서 발전이나 변화가 필요하다고 생각되는 부분을 찾아 보아라.

Goal (목표)

모든 코칭의 과정에서 명확한 목표를 설정하는 것은 매우 중요하다. 내적 대화나 코칭의 과정이 그저 당신에게 따듯하고 편안한 기분을 느끼게 하기 위한 단순한 것이라고 생각하면 안된다. 코칭은 아주 열정적이고 집중적인 대화법으로, 긍정적인 결과를 이끌어 낼 수 있는 행동에 동기를 부여하고 실질적인 방법을 모색하는 과정이다. 구체적인 목표를 설정하는 데는 목표를 시각화하는 과정, 혹은 SMART 모델을 통해서 목표를 확실히 하는 과정 등이 도움이 될 것이다. 하나 잊지 말아야 하는 사실은 "내 남자친구가 더 자상한 사람이 되었으면 좋겠어"와 같은 타인이 행동을 변화시켰으면 좋겠다는 목표를 설정하는 것은 아무런 도움이 되지 않는다는 것이다. 간단히 정리하자면, 진심으로 이루고 싶고 본인에 관련된 목표를 명확히 세우는 과정이 코칭에 선행되어야 한다고 할 수 있다.

Reality (현실)

목표가 무엇인지에 관해 명확히 생각을 정립했다면, 현재 상황이 어떤지를 분석해야 한다. 지금 현재 당신은 어떤 상태인가? 주변 환경은 어떠한가? 당신은 많은 일을 해낼 수 있는 능력이 있지만 목표가 현실 세계에 기반해야만 그 일을 이룰 수 있다는 것을 기억해라. 현재에 대한 평가가 끝났다면 이제 당신에게 주어진 여러 선택지를 하나하나 살펴보아야 한다. 한가지 주의해야 할 점은, 현실을 평가하고 분석하기 전에 목표하는 삶의 모습을 구체화해야 한다는 것이다. 이는 현실적인 제약을 뛰어넘은 목표를 가지고 이상적인 삶의 모습을 그려야 한계가 없는 당신의 잠재력을 모두 끌어올릴 수 있기 때문이며, 현실을 먼저 분석한 뒤에 목표를 설정하려고 한다면 현실의 한계를 먼저 생각해버려서 진심으로 원하는 목표를 설정할 수가 없게 되기 때문이다. 목표를 선택하고 현실을 분석하는 과정에서 자꾸만 부정적인 생각이 든다면, 1단계에서 제시했던 긍정적인 생각을 위한 마음가짐을 가지는 법을 다시 읽어보고 생각을 바로잡아야 한다. 지금 처해 있는 상황을 묘사할 때에는 완전히 솔직해야 함을 명심해라. 다음의 질문이 현재를 파악하는데 도움이 될 것이다.

① 지금까지 무엇을 이루었는가?

② 지금까지 아무것도 한 것이 없다면, 그것 자체가 어떤 긍정적인 영향을 줄 수 있는가?

③ 노력한 결과로는 어떤 것들이 있는가?

④ 지금까지 세웠던 목표를 달성하지 못한 경험이 있다면 그 이유가 무엇이었는가?

⑤ 그 이유를 어떻게 해결할 수 있는가?

⑥ 누가 당신을 지원해줄 수 있는가?

⑦ 현실을 파악하는 것이 목표를 설정하고 이루는데 어떤 영향을 줄 수 있는가?

Options (선택지)

이 부분에 대해서 생각할 때는 아주 창의적이어야 한다. 머릿속에 떠오르는 아이디어들을 그냥 지나치면 안된다. 처음 들었을 때는 아주 바보 같고 웃긴 생각일지 몰라도 그 생각이 더 생산적이고 실행 가능한 아이디어로 이어질 수 있기 때문이다. 해보기 전까지는 어떤 아이디어가 좋은 생각인지 알지 못한다.

① 목표를 이루기 위해서 어떤 아이디어를 가지고 있는가?
② 어떻게 하면 목표에 조금이라도 더 가까워 질 수 있는가?

'조금이라도'라는 단어에 집중해라. 몇몇 사람들은 아주 빠른 속도로 엄청난 변화가 있기를 기대하고, 만약 가시적인 변화가 없다면 목표 자체를 포기해버린다. 코칭은 목표를 작은 단계로 나누고, 그 단계들을 조금씩 이루어 가는 것이 변화의 기본 과정이라고 생각하기 때문에 그런 태도를 버리기를 요구한다.

① 만약 당신이 아무거나 할 수 있다면, 어떤 일을 하고 싶은가?
② 다른 하고 싶은 일이 있는가? 계속 생각해보라.
③ 어떤 아이디어가 당신을 가장 신나게 만드는가?
④ 당신을 지원해줄 수 있는 사람이 있는가?
⑤ 그들이 어떤 말을 해주기를 바라는가?
⑥ 어떤 대화가 필요한 것 같은가?
⑦ 어떤 장애물들이 존재하는가?
⑧ 어떻게 그 장애물을 극복할 것인가?

"모든 여행은 첫 걸음에서 시작한다!"

Way forward (실행)

이제 당신은 목표에 다가갈 계획을 세울 준비가 되어있다. "언제 시작할 것인가? 어떤 일을 처음으로 할 것인가?"와 같이 계획의 실행과 관련된 질문에 답을 할 시기가 온 것이다. 언제부터 계획을 실행할 것인지 확실히 정하지 않고 계획을 세운다면 아무 변화도 일어나지 않을 확률이 높다. 특정한 날짜를 정해놓고 계획을 세우고, 점검하는 것이 행동으로 이어질 수 있는 열쇠이기 때문이다. 먼저, 목표를 이루기 위해서 어떤 일을 첫 번째로 할 것인지 명확히 생각해보고 머릿속으로 그려보아라. 그리고 이 과정이 얼마나 당신을 신나게 하는지 느껴라. 만약 별로 신나지 않을 것 같고, 스트레스를 많이 받을 것 같다면 목표를 이룰 수 있는 다른 방법을 모색해야 한다. 시간이 오래 걸리더라도 괜찮다. 목표를 성취하기에 가장 적합한 방법을 찾고 실행하는 것이 더 중요하다는 것을 꼭 기억하자.

2) TGROW 연결 고리

마일스 다우니(Myles Downey)의 『효과적인 코칭(*Effective Coaching*)』이라는 책에서 그는 앞에서 다룬 TGROW 모델을 약간 변형시켜서 서로 순환하는 원의 모양으로 나타냈다. 이 그림과 앞서 살펴 보았던 TGROW 모델의 차이점은 마지막 단계를 계획의 실행으로 보았냐, 정리로 보았냐 뿐이다. 이렇게, TGROW의 다섯 부분은 다섯 단계로 서로 연결되어 있으며 한 부분을 건너뛰고 다른 단계로 넘어가나 얼렁뚱땅 넘길 수 없다. 계획을 세우고 실행하는 과정은 빠르지 않아도 좋지만 꼼꼼하고 세심하게 진행되어야 한다.

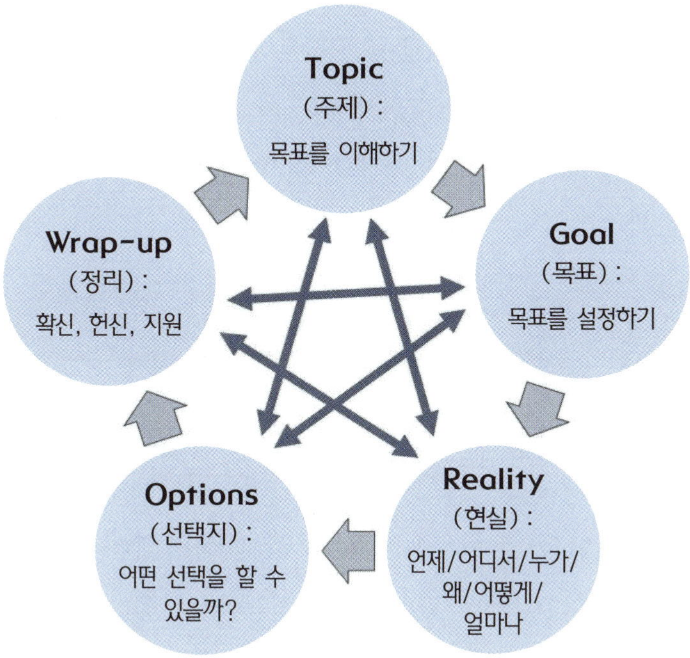

3) 스스로에게 상 주기

목표를 성취한다면 어떻게 축하할 계획인가? 전체적인 목표를 이루었을 때와 마찬가지로, 각 단계마다 스스로의 성취를 축하하고 기뻐하는 것은 이상적인 삶을 살아가려고 노력하는 과정에서 큰 힘이 된다. 창의적인 생각을 하는 것은 재미있다. 재미있게 창의적인 방법으로 어떻게 하면 자기 자신을 축하해줄 수 있을지 생각해보라. 몇 명의 사람들에게는 본인이 하고 싶은 일을 할 시간적 여유를 허락하는 것이 가장 큰 선물이 될 것이고, 몇몇에게는 밖에서 외식을 하며 행복한 시간을 보내는 것이 보상이 될 것이다. 스스로를 칭찬하고 상주는 것은 더 높은 목표를 성취하고자 하는 동기를 부여해주고 해냈다는 사실을 인지함을 통해서 자신감을 길러 준다. 노력의 대가로 스스로에게 어떤 선물을 해주고 싶은가?

"매 단계를 밟아 나가면서 스스로를 칭찬하라!"

4) TGROW 모델 사용하기

인생의 여덟 가지 분야뿐 아니라 다른 여러 분야에서 변화를 도모할 때에도 TGROW 모델을 사용하는 것이 좋다. 앞으로 3번째 단계에서는 앞서 말했던 8가지 분야에 대하여 더 자세히 살펴볼 것인데, 그 모든 분야의 변화 과정에서 TGROW 모델을 사용할 수 있는 방법을 제시하려고 한다.

2. 외적 환경 부분

이상적인 삶을 살기 위해서는 정신적인 힘도 중요하지만 내외적인 모든 변화를 견뎌낼 수 있는 신체적인 에너지도 매우 중요하다. 안식처가 되어주는 집과 세상에서 벗어나기 위해 자주 찾는 공간처럼 당신의 지친 몸이 에너지를 많이 받는 장소는 언제든지 인생을 되돌아보고, 지금 어떤 일들이 벌어지고 있는지 조용히 생각해볼 수 있는 기회를 제공한다. 그렇기 때문에 본인의 주거공간 또는 사무실 환경은 당신의 내면세계에 대해서 많은 것을 알려주기도 한다. 예를 들어, 집을 매일 아주 깨끗하게 유지하려고 안간힘을 쓰는 사람을 보면서 우리는 "마음이 복잡한 것을 숨기기 위해서 외적인 환경을 정리 정돈하고 있다"고 생각할 수 있다. 아주 엄격한 부모님 때문에 스트레스를 받고 있는 청소년의 경우, 방을 마구 어질러 놓은 채 부모님이 원하는 대로 청소를 하지 않는 것을 통해서 반항심을 표출한다고 유추할 수 있는 것 또한 마찬가지이다. 현재 내적 생각과 상태에 매우 만족한 삶을 살고 있어서 집이 어질러져 있더라도 스트레스를 받지 않고 그 속에서 나름대로의 질서를 구축하여 사는 사람의 사례도 살아가는 환경에 내면을 투영하는 예시 중의 하나 이다. 이 단원은 여러분의 주거환경이 어떤지, 어떤 외적 환경에서 생활하고 있는지 그리고 만약 그런 환경이 여러분이 원하는 방향이 아니라면 어떻게 고칠 수 있는지를 알아볼 것이다. 여러분은 지금 여러분의 집이나 방에 만족하는가? 만약 만족하지 않는다면, 어떤 변화를 주고 싶은가? 더 깔끔하게 하고 싶은가? 아니면 더 자유롭게 지내고 싶은가? 여러분이 가장 많은 시간을 보낼 뿐 아니라 가장 많은 에너지를 받아가는 장소라면, 원하는 대로 꾸며서 사는 것이 좋지 않겠는가?

1) TGROW 모델을 사용하기

Topic (주제) - 외적 환경

＊ Goal (목표) - 어떤 환경에서 살고 싶은가? 시각화 과정을 통해서 명확히 생각해 보아야 한다. 지금 살고 있는 집의 각 방을 모두 떠올려보면서 이상적인 집을 꾸며보자. 각 방이 어떤 목적을 가지고 있기를 바라는가? 서재, 침실 혹은 영화 방, 침실, 화장실, 부엌, 거실, 식당, 아이들 방, 다용도실, 손님 방, 차고, 다른 방 등등 각각 다른 방의 서로 다른 용도를 고려하는 것이 좋다. 코칭은 큰 목표를 작은 단계로 나누어서 생각할 수 있도록 도와준다. 이번에도 똑같다. 집을 전체적으로 바꾸기 전에 각 방이 어떤 모습으로 변화할 수 있을지 상상해보고, SMART 기법을 사용하여 각 방이 어떤 분위기였으면 좋겠는지 명확히 하면 된다. 한 방에 대한 생각이 끝났다면 또 다른 방으로 옮겨가서 생각해보라.

＊ Reality (현실) - 지금 현재 침실을 어떻게 묘사할 수 있는가? 지금 당신이 있는 곳은 어디인가? 만약 집에 있다면, 침실로 가서 한번 둘러보라. 무엇이 보이는가? 만약 집이 아니라면, 지금 당장 침실로 들어간다면 어떤 것들이 보일지 상상해보라. 당신이 손님이 되었다고 생각하고 객관적인 시선으로 방을 바라보는 것이 좋다. 너무 주관적으로 생각하면 침실에 익숙해진 나머지 별로 바꿀 거리를 찾지 못할 수도 있기 때문이다. 다음의 질문이 도움을 줄 것이다.

① 침실에서 무엇을 가장 중요하게 생각하는가?
② 현재 침실의 구조가 당신의 가치관에 적합한 생활을 하는데 도움이 되는가?
③ 지금 침실에서 생활할 때 조화롭고 평화로운 감정이 드는가?
④ 만약 그 방에서 안전하지 않다고 느낀 적이 있다면 어떻게 하면 다시는 그런 상황을 겪지 않을 수 있을까?

이 과정에서 질문에 답을 하며 이상적인 방의 모습을 그려 갈 때, 핵심 가치처럼 당신에게 가장 중요한 것들을 먼저 파악하고 그것들을 유지하는 방향으로 가는 것이 중요하다. 스스로에게 다음의 질문을 던져보라.

① 이 방에서 얼마나 많은 시간을 보내는가?

② 어떤 것들을 볼 수 있는가?

③ 이 방에 있는 색은 약 몇가지 정도인가?

④ 어떤 가구들이 있는가?

⑤ 어떤 소리를 듣고 어떤 냄새를 맡을 수 있는가?

⑥ 여유시간을 보낼 때, 어떤 것들이 방에 더 있었으면 좋겠다고 생각하는가?

⑦ 방이 너무 밝지는 않은가?

⑧ 이 방에 들어올 때 기분이 어떤가?

⑨ 현재 어떤 기분으로 아침을 맞이 하고 있으며, 앞으로는 어떻게 아침을 맞이하고 싶은가?

⑩ 잠을 푹 잘 수 있는가?

⑪ 어떻게 하면 이 방에서 에너지를 가득 채워서 나갈 수 있을까?

＊ Options (선택지)

각 방을 가장 이상적인 방으로 만들기 위해 머릿속에 떠오르는 모든 아이디어를 적어라. "돈 문제를 젖혀 둔다면, 어떻게 방을 꾸미고 싶은가?"와 같이 진심으로 원하는 이상향을 생각하는 것이 중요하다. 그렇게 생각하는 과정에서 마음속에서 부정적인 생각이 가득 일어나지 않도록 주의해야 한다. 가능성은 무한하다.

① 방을 바꾸기 위해 지금 당장 머릿속에 떠오르는 아이디어에는 어떤 것이 있는가?

② 공간을 넓히고 싶다면 어떻게 해야할까?

③ 더 깔끔하게 정리하고 싶다면 어떻게 해야할까?

④ 변화된 공간에서 어떤 일들을 할 수 있을까?

⑤ 이런 변화를 실행할 때 누가 나를 도와줄 수 있을까?

⑥ 과거에 이 방을 변화하려고 했을 때 어떤 장애물이 있었는가?

⑦ 무엇을 더 혹은 덜 필요하다고 생각하는가?

✳ Way forward (실행)

① 어떤 선택지가 가장 매력적인가?

② 실제로 어떻게 방을 꾸밀 것인가?

③ 언제 실행할 것인가?

④ 이 변화에 누가 포함되어 있는가? 그들에게 언제 말할 것인가?

⑤ 어떤 장애물이 있고, 어떻게 극복할 수 있을까?

⑥ 목표를 이루기 위해서 어떤 자원을 가지고 있는가?

모든 방에 대해서 다음의 질문을 던져보라.

① 방이 어수선한가?

② 어수선한 방을 정리하면 어떤 기분이 들까?

③ 만약 이 방이 내가 원하는 스타일로 꾸며진다면, 그 방에서 어떤 일들을 할 수 있을까?

목표를 달성한 후, 스스로에게 어떻게 보상해줄 것인지를 생각하는 것으로 실행 단계를 끝마치면 된다.

2) 어수선함 없애기

때로는 방을 어떻게 변화시킬 것인지에 대해 생각하기보다 어떤 방법으로 정리할 것인지를 생각하는 것이 더 유익하다. 어수선한 방의 한 가운데에 서면, “이걸 어떡하나”, “어떻게 정리를 시작하지”, “그냥 포기 해야겠다”와 같은 생각이 들기도 한다. 어수선한 방은 다음을 상징하기도 한다.

① 끝내지 못한 일
② 잊지 못한 과거
③ 침체된 에너지
④ 변화하고 싶지 않은 욕구

어수선한 방을 정리하지 않는 것은 침체기에서 벗어나지 못하는 요인이 될 수도 있다. 오랫동안 지저분한 방에서 지내왔지만, 두 팔 걷어 올리고 정리를 할 결심을 하는 것은 “나는 할 수 있어”라고 말하는 것과 같다. 어수선한 방을 정리하여 쉴 수 있는 공간을 만들어 내면서 불편했던 마음을 털어버릴 수 있고, 끝내지 못하거나 잊지 못했던 과거를 끊어낼 수 있을 것이다.

시윤의 예시

시윤은 물건을 사용하고 나서 제자리에 둔 적이 없었다. 부모님과 함께 살았을 땐 어머니께서 항상 정리해 주셨기 때문에 전혀 불편하지 않았다. 하지만 자취를 시작하자 상황은 아주 나빠졌다. 물건을 찾는 데만 수십 분이 들기 일쑤였고, 매번 짜증 가득한 채로 집을 나섰다. 이제는 이 문제에 관해 어떤 조치를 취해야 할 때가 왔다는 것을 느낀 그는 자리에 앉아서 어떻게 살고 싶은지 곰곰이 생각했다. 깨끗한 집에서 안락하게 살고 싶다는 생각을 확실히 하고 난 후, 어떻게 지금까지 살아왔는지를 솔직하게 평가했다. 주변을 둘러보니 어떻게 이런 집에서 살았을까 하는 생각이 들었고 변화가 필요하다는 사실을 절실히 느꼈다. 그는 바로 물건을 담을 수 있는 커다란 박스를 사왔다. 그 박스에 사용할 물건과 버릴 물건을 나눠서 담느라 꼬박 이틀을 일한 시윤은 쓰레기를 버리고 난 뒤, 좀 진정이 된듯한 집을 보며 뿌듯함을 느꼈다. 시윤은 사무실도 이렇게 한번 정리를 할 필요가 있다는 생각이 들었다. 사무실 또한 깨끗하게 정리를 하고 나서 그는 이제 몇 십 분을 물건을 찾기 위해서 허비 하지도 않았고, 짜증도 많이 줄었다. 깨끗해진 집과 사무실을 시작으로, 그는 생활 스케줄 또한 정리하기 시작했다. 진작 이렇게 정리할 걸 그랬다는 생각과 늦게라도 했으니 다행이라는 생각이 들었다. 그는 이제 깔끔하고 안락한 집에서 휴식을 취하며 지내고 있다.

3) 직업 환경 파악하기

재택근무를 하는 사람들이 점점 늘어나고 있다. 이 트렌드는 미래에도 꾸준히 증가할 것으로 예상되는데, 재택근무자의 경우,

공과 사를 적절히 구분하고 균형을 맞추는 노력이 절실하다. 재택근무를 하려고 생각하고 있다면, 어느 방에서 일을 할 것인가? 같은 집 안에서도 생활공간과 작업공간을 나누어 생활한다면, 공과 사를 구분하여 더 즐겁고 만족스러운 직장생활을 할 수 있을 것이다. 만약 당신이 재택근무자가 아니라면, 직장의 주변환경을 한번 둘러보라. 사무실에서도 집중적으로 일을 하는 공간과 약간의 휴식을 취하는 공간을 따로 둔다면 더 만족도 높은 생활을 할 수 있을 것이다. 다음은 집에서 일을 하는 연수의 사례이다.

연수의 예시

연수는 재택근무를 하는 프리랜서이다. 가끔 그녀는 우울하고 축 쳐져 있곤 했는데, 그녀의 사업이 생각보다 잘 되지 않아서 생활과 직장 사이의 균형을 맞추기가 어려운 것이 그 이유였다. 여러 고민 끝에 그녀는 내적 코칭을 통해 태도를 변화시키기로 결심했다. 먼저, 연수는 사업이 아주 번창하기를 원하고, 그로 인해 얻은 에너지와 돈으로 취미생활을 마음껏 할 수 있는 삶을 원한다는 것을 인지했다. 그리고 사적인 생활을 할 때에는 일에 관한 생각을 덜 하고 싶다고 느꼈다. 그런 생각을 하던 중, 그녀는 일을 하는 공간이 딱히 정해져 있지 않아서 거의 모든 방이 사무실이 되어버렸기 때문에 지금까지 공과 사의 균형을 맞출 수 없었다는 것을 깨달았다. 일에서 멀어질 수 있는 공간이 없었던 것이다. 게다가 사업용 전화인지, 친구들의 전화인지를 알 수 없어서 밤낮으로 전화를 꼼짝없이 받아야 했던 상황도 한 몫 했다. 남편과 맛있는 저녁 한끼를 할 때에도 사업에서 멀어질 수 없었으니, 그녀가 스트레스를 받는 것이 놀랄 일도 아니었다. 연수는 독립적인 작업공간을 만들기로 결심했다. 방 하나를 개조해서 사무실처럼 만들었고, 일과 관련된 서류나 자료 등은 그 공간에서만 읽고 쓰기로 약속했다. 그리고 사업용 전화기를 하나 더 사서 친구나 가족들과 여유로운 시간을 보낼 때에는 그 전화를 꺼놓는 방법도 생각해냈다. 이런 변화들은 일과 생활을 분리할 수 있도록 도와주었고, 공과 사의 무분별한 조합 때문에 받았던 스트레스를 없애 주었다.

3. 내적 성장

사람들은 태어나면서 머릿속에 컴퓨터를 하나씩 가지고 태어난다. 바로 뇌라는 컴퓨터인데, 불행하게도 많은 사람들은 그 뇌를 어떻게 사용해야 할지 알지 못한다. 정확한 매뉴얼이 없기 때문이다. 그렇기 때문에 우리는 인생을 살아가면서 우리가 어떤 사람인지를 계속 탐색해 나가야 한다. 여러 경험을 하고 점점 성숙해지기도 하기 때문에 스스로를 이해하고 알아가는 과정은 멈추지 않는다. 우리는 이 과정 속에서 스스로가 잠재력이 없는 패배자라고 생각하지 말고, 무엇이든 원하는 바를 해낼 수 있는 가능성이 풍부한 사람이라고 믿는 것이 중요하다. 사전적으로 내적 성장이라는 단어는 무한한 잠재력을 탐색하고 충족시키는 것을 뜻한다. 당신에게 내적 성장은 어떤 의미로 다가오는가?

1) 인생의 위기 경험하기

몇 년 전만해도 '중년의 위기'에 대한 이야기가 핫이슈였다. '중년의 위기'란, 특정 연령이 되어서도 회사에서 높은 자리에 있지 않거나 직업적으로 성공을 이루지 못한 경우 미래에 대한 부담감과 걱정이 심해지는 것을 뜻한다. 이런 이야기 때문에 평범한 사람들이 우울증에 걸리거나 슬럼프를 겪기도 했는데, 사실 직업 자체를 구하는 것이 어려운 요즘에는 중년의 위기조차 사치로 보일 뿐이다.

이제 사회의 초점은 연금에 맞추어 져있다. 은퇴 후에 어떤 자금으로 생활한 것인가가 최대의 화두인 것이다. 나이가 들어가면서 잠재되어 있는 능력이나 감추어져 있는 흥미를 발견하고 탐색하는 것은 의식주와 같은 기본적인 욕구를 충족시키는데 급급한 나머지 뒷전이 되기 십상이다. 평균 수명이 점점 길어지고 있는 이 시대에 고정적인 월급이 사라지는 은퇴 후의 삶에 대한 고민과 걱정은 더욱 깊어지고 있다. 만약 당신이 지금 이런 상황을 겪고 있다면 내적 성장에 관련된 이번 단원이 도움이 될 것이다.

최근에는 '1/4의 위기'라는 어휘가 생겨났다. 인생을 100년 정도로 생각했을 때 1/4이 되는 시점인 25살이 되어 겪는 위기라는 뜻인데, 자신의 가치관과 소신을 지켜가면서 하고 싶은 일을 하여 돈을 버는 직장을 찾는 어려움을 얘기한다. 20대 초반에는 대부분의 사람들이 학업을 계속하기 때문에 대학과 같은 집단에 소속되어 있다. 부모님에게서 독립하게 되긴 하지만, 그래도 아직 자신을 이끌어주고 보호해줄 집단의 울타리 속에 있기 때문에 비교적 걱정이 덜하다. 하지만 졸업을 하고 대학의 품속에서 벗어나면서 확실한 진로가 결정되지 않은 청년들은 불안감에 빠진다. 특히, 집세나 학자금 대출을 갚아나가야 한다면 부모와 대학으로부터 독립하는 것이 결코 쉽지 않을 것이다. 그렇기 때문에 많은 학생들은 진심으로 하고 싶은 일이 무엇인지 탐색하고 고민하기보다 빨리 돈을 벌기 위해서 직장에 들어가서 일을 시작한다. 월급과 특정 라이프 스타일에 적응을 하다 보면 다시 예전으로 돌아가서 자아를 찾고, 마음이 원하는 직장이 무엇인지 찾는 것이 거의 불가능해 지고, 그냥 계속 살아왔던 대로 인생을 살아내게 되는 것이다. 빨리 직업을 찾는 것과 반대로 20대 중반이 되어서도 부모님과 함께 살거나, 부모님에게서 용돈을 받아 쓰는 청년들도 존재하는데 이는 그들의 자존감을 매우 저하시키고 부담감을 높여 스트레스를 증가시킨다.

2) 변화하는 직장생활 적응하기

청년들의 자존감에 영향을 주는 커다란 요인 중 다른 하나는 바로 직장의 불안정성이다. 점점 더 많은 사람들이 임시 직장(아르바이트)을 얻고 있고, 언제 잘릴지 모르는 상황에 놓여있다. 비정규직으로 고용되어 정규직으로 전환될 기회만을 바라보며 살아가는 청년들도 많다. 이런 상황은 다음과 같은 감정을 불러 일으킬 수 있다.

① 자신감이 하락한다.
② 일을 해낼 수 있을까에 대한 의심이 생긴다.
③ 자존감이 바닥을 친다.
④ 삶을 즐길 여유가 없기 때문에 우울증이 오기도 한다.
⑤ 삶을 꾸역꾸역 살아낸다.

결과적으로, 더 많은 젊은이들이 결혼을 하고 가정을 꾸리기는 것을 뒤로 미루고 있다. 안정적인 직업을 찾고 나서, 그 직업에서 적응을 하고, 결혼 자금과 육아 자금을 모은 후에야 적어도 괴롭지 않게 결혼생활을 할 수 있을 것이라고 생각하기 때문이다. 내적 성장은 이렇게 급격하게 변화하는 일상적 환경 속에서 악순환의 고리를 끊을 수 있도록 도와준다. 우리는 무한한 잠재력을 가지고 있으며 우리가 스스로에게 한계를 지우지 않는 이상 우리를 막을 수 있는 것은 없다는 사실을 기억하자.

3) 목표 재평가하기

이룰 수 없다고 생각하고 젖혀 둔 목표에는 어떤 것들이 있는가? 자꾸만 이루고 싶은 목표를 현실적인 문제 때문에 내려두고 있는가? 그렇다면 이제 당신의 결정에 대해 평가와 분석을 해보는 시간이 필요하다. 이룰 수 없다고 생각해서 젖혀 둔 목표로는 다음과 같은 것들이 있다.

① 인생의 짝 찾기
② 마음에 드는 직업 찾기
③ 사업 시작하기
④ 해외로 이민 가기
⑤ 휴가 가기
⑥ 수영 배우기
⑦ 외국어 배우기
⑧ 악기 연주하기
⑨ 완전히 다른 직종에서 일해 보기

다음의 질문을 통해서 생각을 시작해보라.

① 어릴 때 장래희망이 무엇이었는가?
② 지금은 그만 뒀지만 예전에 즐겨 하던 일이 무엇인가?
③ 어릴 때 취미가 무엇이었는가?
④ 인생에서 이루고자 하는 것들이 무엇이 있는가?

인생은 때로 아주 빠르게 흘러가는 급류와 같아서 그 흐름에 맞추느라 꿈과 희망을 손에서 놓고 잊어버리곤 한다. 후회하지 않는 인생을 살아가는 것이 목표하는 인생을 살아가는 비법이다.

TGROW 모델을 사용하여 내적인 어떤 면모를 발전시키고 싶은지 생각해보라. 아래의 질문에 대답해보면서 내적 코치가 던지는 다른 질문에도 귀 기울여야 한다.

TGROW 모델 사용하기

Topic (주제) - 모든 내적 성장에 관한 목표

Goal (목표)

① 하고 싶었지만 시간이 없어서 하지 못했던 일에는 어떤 것이 있는가?
② 불가능할 것이라고 치부해버렸던 목표가 있는가?
③ 만약 성공이 보장된 상황이라면, 어떤 일을 하면서 살겠는가?
④ 어떤 일들이 일어났으면 좋겠는가?
⑤ 타고난 재능을 어떻게 살리고 싶은가?
⑥ 죽고 난 뒤, 당신의 묘비에 어떤 말들이 써져 있었으면 좋겠는가?

Reality (현실)

① 이 목표를 이루지 못하게 막는 장애물에는 무엇이 있는가?
② 지금 세우고 있는 계획이나 여러 삶의 방법이 목표를 이루

는데 도움을 주고 있는가?

③ 스스로에게 기대하는 바가 있는가? 있다면 무엇인가?

④ 살면서 어떤 역할을 맡고 싶은가?

⑤ 어떤 역할을 버리고 싶은가?

⑥ 목표를 누구에게 알려야 하는가?

Options (선택지)

① 어떤 방법으로 내적 성장을 이룰 수 있을까?

② 내적 성장이라고 하면 무엇이 가장 먼저 생각나는가?

③ 지금 하고 있는 계획의 방식이 올바르지 않다면, 어떻게 고칠 수 있을까?

④ 어떤 생각이 떠오르는가?

⑤ 누구에게 격려나 지원을 받을 수 있는가?

⑥ 어떤 부분에서 격려가 필요한가?

⑦ 가지고 있는 장애물을 어떻게 극복할 수 있을까?

Way forward (실행)

① 지금 무슨 일을 하고 있는 건지 제대로 이해했는가?

② 언제 시작할 것인가?

③ 어떻게 진행사항을 측정할 것인가?

④ 어떤 재료가 필요한가?

⑤ 성취를 어떻게 축하할 것인가?

4) 성 정체성 파악하기

만약 당신이 동성애자라는 사실을 알고 있지만 아직 다른 사람들에게 말하지 않은 상태라면, 완전한 내적 성장을 위해서는 주변의 친구들이나 가족에게 그 비밀을 털어놓는 것이 좋다는 사실을 알고있어야 한다. 쉽지 않은 일이겠지만, 진실된 나의 모습으로 살아가기 위해서는 꼭 필요한 단계이다. 대화에 어려움을 느낀다면, 다음의 질문을 참조하는 것이 좋다.

① 누구의 인정과 지원을 받고 싶은가?

② 누구에게 격려를 받을 수 있을까?

③ 누구에게 말을 해야 할 것인가?

④ 어떤 식으로 말을 꺼낼 것인가?

⑤ 어떤 내용의 말을 할 것인가?

TRUST 모델을 상기시키며, 인간관계의 기본을 생각해보자.

① 내 자신에게 **진실**(true)될 수 있기 위해서는 어떻게 해야 하는가?

② 상대방을 **존중**(respect)함과 동시에, 어떻게 하면 존중받을

수 있을까?

③ 상대방의 반응을 **이해**(understanding)함과 동시에 어떻게 하면 나를 이해해달라고 말할 수 있을까?

④ 나의 진짜 모습을 받아들이기 위해서 상대방이 필요한 사적인 **공간**(space)과 **시간**(time)은 어느 정도가 필요할까?

"후회 없는 삶을 사는 것이 이상적인 삶을 살아가는 방법이다!"

준하의 예시

준하는 20년간 결혼생활을 해온 50대 남성이다. 십대인 아이들도 두 명이나 있건만, 사실 그는 청소년기 때부터 자신이 동성애자라는 것을 느껴왔다. 실제로 자신이 누구인가를 숨기고 부모님이, 그리고 사회가 말하는 보통 사람으로 살면서 그는 점점 삶의 전반에 만족하지 못하고 우울한 채로 지내고 있는 자신을 발견했다. 그와 아내는 좋은 친구였고 아이들을 정말 사랑했다. 그러나 그가 민우를 만나면서 모든 것이 변했다. 그는 살면서 처음으로 사랑의 감정을 느꼈고, 이전의 삶으로 다시 되돌아 갈 수 없었다. 준하는 점점 공식적으로 민우와 커플이 되고 싶다는 생각을 하기 시작했다. 지금 본인이 느끼고 있는 감정을 무시할 수 없었기 때문이다. 민우와 많은 대화를 나눈 끝에 그는 스스로에게 솔직해지는 것이 계속해서 아내와 아이들을 속이는 것 보다 더 나을 것이라는 결론을 내렸다. 아이들과 아내에게 조심스럽게 정말 미안한 마음을 전하면서 대화를 하고 나서 처음에는 가족들이 충격 받고 힘들어 하는 듯 했으나, 준하는 오랜 시간 동안 아이들과 아내에게 미안한 마음으로 그들을 존중하고 충격적일만한 이야기를 받아들일 수 있는 시간과 공간을 주었다. 얼마의 시간이 지난 후, 가족들은 준하의 결정을 존중하겠다는 의사를 밝혔고, 준하는 감사를 표했다. 이제 준하와 민우는 10년째 함께 하고 있다. 준하는 아직 부인과 좋은 친구로 만나고 있고, 아버지로서의 역할도 다하려고 노력하고 있다.

5) 거절의 두려움에 맞서기

다른 사람에게 말하지 않는 비밀이 있다면, 그 비밀을 유지하는 이유가 상대방에게서 거절을 당하는 것에 대한 두려움 때문은 아닌지 생각해보아야 한다. 거절에 대한 두려움은 본인이 진심으로 원하는 삶이 아닌, 사회가 원하고 주변 사람이 바라는 삶을 살게 하기 때문에 항상 경계해야 한다. 이 두려움을 마주하지 않는 것의 대가는 후회가 가득 찬 삶이다. 다른 사람이 뭐라고 얘기하거나 판단하는 것에 연연해 하지 않는 삶을 살아가는 것이 중요하다. 나와 다른 방향으로 살아가는 사람을 보더라도, "그래, 저렇게 살아갈 수도 있지"라는 마음가짐으로 인정해주고 존중해주면서 자신이 나아가고자 하는 방향을 향해 살아가는 사회가 된다면 더 행복해 지지 않을까?

4. 돈

어린아이에게 돈은 신기하고 재미있는 종이와 동그란 금속일 뿐이다. 하지만 어른이 되면서 우리는 돈에게 가지 각색의 감정과 믿음, 희망과 절망을 담는다. 부부싸움의 가장 큰 이유가 바로 돈 이기도 한데, 그렇기 때문에 아마 돈에 대한 부정적인 생각을 가지게 되었을지도 모르는 일이다. 하지만 돈은 인생에서 큰 부분을 차지하고, 큰 즐거움을 주기도 하기 때문에 우리와 절대 뗄 수 없는 존재이다. 학업을 마치고 직장에 들어가게 된다면 월급을 받는 생활에 익숙해질 것이고, 사업을 시작한다면 스스로의 제품 혹은 서비스에 가치를 매기고 돈을 벌어서 생활하게 될 것이다. 이 과정에서 여러 선택을 내려야 하는 상황이 되었을 때 돈은 얼마나 큰 역할을 할까? 사실 10년전만해도 돈을 좇아 직업을 선택하고 인생을 결정하는 사람들이 꽤 많았다. 하지만 요즘은 돈이 더 이상 동기의 원천이 아니다. 돈이 필요하지 않아졌다는 것이 아니라, 이제 돈은 충분한 만큼만 있으면 되며, 돈을 넘어서서 자아를 실현할 수 있고 시간적 여유가 있는 직업을 찾는 사람들이 많아졌다는 얘기다.

1) 돈과 자존감 상관관계 파악하기

직장에서 받아야 할 액수만큼의 월급을 못 받고 있다는 생각이 든다면 계속 우울하고 불만족스러운 것이 당연하다. 이런 상황에서 높은 자존감을 유지하기란 정말 어렵다. 그럼에도 불구하고 월급을 올려달라고 요구하는 사람은 많지 않다. 만약 당신이 스스로의 가치를 높게 생각하지 않는다면, 어떻게 다른 사람이 당신을 중요히 여겨 주기를 바랄 수 있겠는가? 이런 공허함과 불만족은 과소비로 나타나기도 하는데, 혹시 충동구매를 하고있지는 않은지 스스로를 돌아볼 필요가 있다.

2) 긍정적인 연상 알아차리기

돈이 당신이 이루고자 하는 목표를 성취하는데 어떤 도움이 될 수 있는지 생각해보라. 살아가기에 충분한 돈을 갖고 있다면 사실 돈이 부족하지 않을까 하는 걱정에서 오는 스트레스는 피할 수 있을 것이다. 자 그렇다면, 충분한 돈은 어느 정도의 돈을 말하는 걸까? 충분할 만큼이라는 표현은 개개인에게 다 다르다. 그렇기 때문에 평소에 본인이 생각하는 '충분한'이 얼마정도인지 파악하는 것이 중요하다. 만약에 돈을 더 많이 벌고 싶다면 돈에 대해 긍정적인 태도를 가진 채 접근하는 것이 좋다. 그리고 나서

TGROW 모델을 사용해서 어떻게 하면 지출을 줄이거나 수입을 늘려서 더 여유롭게 지낼 수 있을지 방법을 모색해야 한다.

TGROW 모델 사용

Topic (주제) - 안정된 재정상태

Goal (목표) - 어떻게 하면 돈과 좀 더 친해질 수 있을까?

원하는 바를 긍정적인 단어와 어투를 사용해서 표현해야 한다는 것을 기억해라. 생각이 나지 않는다면 다음의 질문을 참조하는 것도 좋다.

① 연봉이 어느 정도 되었으면 좋겠는가?
② 돈을 어떻게 관리하고 싶은가?
③ 얼마나 저금하고 싶은가?
④ 한달에 얼마 정도를 취미나 여가생활에 쓰고 싶은가?
⑤ 만약 선택할 수 있다면, 몇 살에 은퇴하고 싶은가?
⑥ 은퇴 후 1년에 버는 돈이 얼마 정도 되기를 바라는가?

Reality (현실)

① 지금 돈에 대해 어떤 태도를 가지고 있는가?

② 돈이 무엇을 의미하는가?

③ 감정 상태가 소비에 끼치는 영향이 있는가?

④ 본인의 재정에 관련해서 얼마나 알고 있는가?

⑤ 어떻게 돈을 관리하는가?

⑥ 만약에 직장을 갑자기 그만두게 된다면, 얼마나 버틸 수 있는가?

⑦ 연금을 준비하고 있는가?

⑧ 저축은 얼마나 하고 있는가?

⑨ 배우자와 돈 관리에 대해 동일한 의견을 갖고 있는가?

⑩ 만약 그렇지 않다면, 어떤 차이점이 존재 하는가?

Options (선택지)

① 앞으로 돈 관리를 어떻게 할 수 있을까?

② 지금 잘못 관리하고 있는 부분이 있다면 어떻게 바꿀 수 있을까?

③ 지금 내가 가진 능력으로 어떻게 돈을 벌 수 있을까?

④ 내가 즐겨 하는 것 중에 돈으로 연결될 수 있는 것이 있는가?

⑤ 은퇴 후에는 무슨 돈으로 생활하려고 하는가?

⑥ 어디에서 돈을 관리하는 방법에 대해 배울 수 있을까?

Way forward (실행)

① 위의 단계에서 적어본 아이디어 중에서 어떤 생각이 가장 마음에 드는가?
② 진짜로 어떤 일을 실행에 옮길 것인가?
③ 언제 시작할 것인가?
④ 어떤 장애물이 존재하는가?
⑤ 어떻게 극복할 것인가?
⑥ 발전 정도를 어떻게 측정할 것인가?
⑦ 어떤 격려나 지원을 받고 싶은가?
⑧ 누가 나의 변화로 인해 영향을 받는가?

어떻게 변화할 것인지를 정확히 하기 위해서 필요한 다른 여러 질문들에 대해서도 생각해보아라. 그 계획이 얼마나 마음에 드는지, 그리고 얼마나 의지가 있는지도 확인해라. 만약 설정한 목표를 이루기 위한 과정을 생각했을 때 스트레스만 쌓인다면 다시 당신이 진심으로 원하는 변화가 무엇인지 생각해야 한다.

미연의 예시

미연은 곧 30대 진입을 앞두고 있었다. 나이가 드는 것 자체도 무서운데, 요즘 펼쳐보는 신문마다 연금에 관한 이야기를 하고 있어서 더욱 심란한 것이 사실이었다. 그녀는 은퇴 이후의 삶에 대해 생각해 보지 않았었기 때문에, 연금이나 은퇴 후 생활에 대한 불안감이 자꾸만 생겨났다. 하루는 커피를 마시면서 연금 때문에 고민이 많다는 것을 친구에게 털어놓았다. 친구는 최근에 연금을 넣기 시작했는데, 그 결심을 하면서 스스로에게 했던 질문을 알려 주었다.

①언제 일을 그만두고 싶은가?
②은퇴 후에 무엇을 하며 살고 싶은가?

미연은 이 질문을 아주 오랫동안 깊이 생각해보았다. 60대가 된 자신의 모습을 상상하는 것이 쉽지는 않았지만 언제나 노년에 여행을 하고 싶다는 생각을 해왔던 것이 기억났다. 가끔은 친구들을 불러다가 파티를 하거나, 좋은 곳에 놀러가고 싶다는 생각도 들었다. 그런 결론에 도달한 다음 단계의 질문은 간단했다.

①은퇴 후에 원하는 삶을 살기 위해서 지금 할 수 있는 일은 무엇인가?
②지금 무엇을 해야 하는지 알기 위해서는 누구를 찾아야 하는가?
③언제 그 사람을 만날 것인가?

그 다음 주에 미연은 은행에 가서 담당 상담원과 연금에 관해서 이야기를 나누었다. 여러 조언을 얻은 뒤 그녀는 매달 월급에서 일정 부분을 은퇴 후 삶을 위해 모아두기로 결정했고, 계속 마음 속에 걸리던 문제를 해결했다는 것이 아주 기쁘고 만족스러웠다. 이제 그녀에게 미래는 두려움보다 기대와 설렘의 대상이 되었다.

5. 가족

어떤 가정에서 태어났는지는 삶에 큰 영향을 미친다. 부모님이나 주변 어른들이 중요하게 생각하는 가치관이나 요소들을 그대로 받아들이기 쉽기 때문이다. 가정이나 문화 속에서 첫 자아를 형성하기 때문이기도 하다.

① 가족이 당신에게 어떤 영향을 끼쳤는가?
② 가족이 의미하는 바가 무엇인가?
③ 가족과 연관해서 얼마나 만족하는 생활을 하고 있는가?
④ 현재 가정을 이루고 있다면 아이들이 어떤 가치를 받아들이거나 받아들이지 않았으면 하는가?

1) 듣기의 중요성 다시 한번 깨닫기

가족은 독특한 개성을 가진 사람들로 구성되어있다. 그렇기 때문에 각각의 사람들에게 어떻게 말을 건네고 어떻게 대화할 수 있을 지 방법을 찾는 과정이 필요하다. 어떤 가족이든지 간에, 차이점은 존재한다. 만약 당신이 어떻게 대화의 물꼬를 틀 수 있을 지 모르는 가족 구성원이 있다면 혼자 고민하지 말고 직접 어떻게 대해줬으면 좋겠는지 물어보고 그들의 대답을 존중하는 것이 중요하다.

2) 성격의 여러 타입 알아보기

가족 한 명 한 명씩을 생각하고 분석해 본다면 각자 다른 성격과 취향을 가지고 있다는 것을 알 수 있다. 지금 당신의 가족에게는 몇 가지의 성격이 있는가? 그 성격들을 색깔로 표현해보자.

색	성격
빨간색	의지가 강하고 생각이 빠르며 시간 낭비를 아주 싫어한다. 색깔이 나타내는 것처럼 정열적이지만화 또한 잘 낸다. 아주 역동적인 이다.
노란색	따듯하고, 의지가 강하다. 마음이 열려있고, 친구 같으며 외향적이다. 이야기를 나누며 맛있는 저녁을 함께 하기 좋은 상대이다.
초록색	여유롭고 인내심이 많다. 다른 사람들을 격려해주고 지지해주는 역할을 한다. 모든 사람에게 관심을 가질 수 있도록 노력한다.
파란색	조심성이 많고 정확하며 결정을 내리기 전에 생각을 많이 한다. 객관적이고 시원 시원한 성격이다.

사람의 성격은 상황에 따라 변할 수 있기 때문에 한번 정한 색을 계속 유지해야 한다는 부담감은 없애는 것이 좋다. 이렇게 정리해놓으면, 빨간 성격을 가진 사람과 이야기를 할 경우에 말을 돌려 하지 않고 시간낭비를 하지 않음으로써 좀더 좋은 사이가 될 수 있고, 노란색, 초록색, 파란색 성격을 가진 사람은 결정을

내리기 전에 시간을 충분히 줌으로써 마찰을 피하고 서로를 존중할 수 있다.

① 가장 많은 시간을 함께 보내는 가족 구성원의 성격 색깔은 무엇인가?
② 가족의 각 구성원들을 색으로 나타내 보아라.
③ 다른 성격을 가진 사람들을 어떤 다른 방식으로 대할 것인가?

3) 가족의 가치관 파악하기

얼마나 작든지 간에, 하나의 공동체는 모두가 동의하는 가치관이 존재하고 구성원 간의 상호 존중과 이해가 존재할 때 잘 굴러간다. 다음의 질문을 통해서 가족이라는 공동체가 잘 운영되고 있는지 생각해보아라.

① 서로에게 얼마나 솔직해질 수 있는가?
② 서로를 얼마나 존중하고 이해하는가?
③ 서로에게 어느 정도의 사적인 공간을 주는가?
④ 가족 시간과 개인 시간을 얼마 정도 주는가?

" 신뢰가 있는 곳에 힘이 있다! "

TGROW 모델 활용

Topic (주제) - 가족과의 관계

Goal (목표) - 이상적인 가족관계를 상상해보아라. 어떤 모습일 것 같은가? 생각을 시작하기 위해서 다음과 같은 질문을 던져보는 것을 추천한다.

① 누가 보이는가?
② 무엇을 하고 있는가?
③ 어떤 소리가 들리는가?
④ 기분이 어떤가?
⑤ 가족과 어떤 대화를 나누고 싶은가?
⑥ 가족과 얼마나 협동하면서 지내고 싶은가?

Reality (현실)

① 현재의 상황이 어떤지 자세히 설명해보라.
② 가족 관계 속에서 어떤 역할을 하고 있는가?
③ 어떤 역할을 계속 수행하고 싶은가?
④ 어떤 역할을 그만하고 싶은가?
⑤ 가족들이 얼마나 많이 대화를 나누는가?

⑥ 함께 공유하는 가치관이 있는가?

⑦ 어떤 갈등이 존재하고, 왜 그런가?

⑧ 잘 만나지 않거나 더 이상 대화를 나누지 않는 가족 구성원이 있는가?

⑨ 의절한 가족이 있는가?

⑩ 지금 본인보다 어린 가족 구성원들에게 어떻게 대하는가?

⑪ 힘든 일이 있을 때 누구에게 털어놓을 수 있는가?

⑫ 힘든 일이 있을 때 누가 나에게 털어놓을 수 있는가?

⑬ 가족이 어떤 방법으로 고마움과 사랑을 표현하는가?

Options (선택지)

① 가족 관계를 더 이상적으로 만들기 위해서는 어떤 일들을 해야 하는가?

② 계속 반복되는 갈등이나 문제가 있다면 어떤 다른 방법을 취할 수 있는가?

③ 현재 상황을 어떻게 더 긍정적으로 평가할 수 있는가?

④ 어떤 변화가 일어나야 하는가?

Way forward (실행)

① 어떤 선택지가 가장 마음에 드는가?

② 그 선택지를 따르기 위해서는 무엇을 해야 하는가?

③ 누가 연루되어 있는가?

④ 언제, 그리고 어떻게 가족들에게 그 선택지를 따르겠다는 것을 말할 것인가?

⑤ 뭐라고 말 할 것인가?

⑥ 나의 발전을 어떻게 측정할 것인가?

⑦ 가족들이 내 변화를 받아들이고 인정하기까지 시간이 어느 정도 걸릴 것인가?

⑧ 가족으로서의 성취를 어떻게 축하할 것인가?

가영의 예시

가영은 두 명이 10대인 4인가족의 구성원이다. 매일 아침은 전쟁이었다. 화장실을 쓰려는 자와 화장실을 쓰고 있는 자의 정서적 칼부림은 많은 사람들을 다치게 했다. 아침에 일어나서 조용히 하루를 시작하고 싶었지만 학교나 직장으로 나가기 전까지 계속 서로에게 소리를 지르는 것이 현실이었다. 가영은 이 문제에 대해서 대화를 나누어야 할 필요성을 느꼈다. 다음 주 일요일에 그녀는 모두 다 외식을 할 것을 제안했고, 밥을 먹으면서 아침 화장실 전쟁에 대한 얘기를 어떻게 시작할 것인지 고민했다. 먼저 가족들의 집중을 불러모은 뒤, 그녀는 이런 전쟁이 어떤 기분을 들게 하는지, 어떤 분위기를 만들어냈는지 흥분하지 않고 차근차근히 설명했다. 그녀가 진심을 담아서 토로하자 가족들은 다 동감하기 시작했고 방법을 찾기로 했다. 수 십 개의 아이디어가 휩쓸고 지난 후, 방에 간단히 씻을 수 있는 세면도구와 세면대를 만들기로 결정했고, 간이 화장실을 하나 더 만든 후에 드디어 평화가 찾아왔다.

6. 관계 정립

이 주제는 친구들이나 직장 동료와 맺고있는 관계부터 배우자와 맺고 있는 단 하나뿐인 관계까지의 모든 인간 관계를 포함한다. 앞에서 인간 관계란 무엇인지, 어떤 태도가 필요한지 등에 대한 이야기를 나누어 봤다. 이 단원에서 사용할 TGROW 모델은 두 가지 방법으로 적용된다. 하나는 현재 인연을 맺고 있는 배우자와의 관계를 발전시키는 방법이며 다른 하나는 이상적인 배우자를 찾는 방법이다.

1) TGROW 모델 사용하기

❖ **Topic (주제)** - 현재의 배우자와 이상적인 관계 형성하기

❖ **Goal (목표)**

① 이상적인 목표란 무엇인가?
② 배우자와 어떤 일들을 함께 하고 싶은가?
③ 배우자와의 관계에서 어떤 가치들을 중요하게 생각하는가?
④ 그런 가치를 어떻게 표현하는가?
⑤ 나는 어떤 방법으로 사랑을 표현하는가?
⑥ 상대방이 어떤 방식으로 사랑이나 고마움을 표현해줬으면 하는가?

⑦ 평소에 어떤 말들을 주로 나누는가?

⑧ 어떤 일을 하는가?

⑨ 그럴 때 마다 어떤 기분이 드는가?

Reality (현실)

① 현재의 상황을 좀 더 자세히 설명해보라.

② 지금 배우자와의 관계가 어떤 것 같은가?

③ 서로를 위한 특별한 시간을 일주일에 몇 시간 정도 사용하는가?

④ 서로 아끼고 위한다는 것을 어떻게 보여주는가?

⑤ 나의 배우자는 어떤 사람인가?

⑥ 이 인간관계에서 얻는 즐거움에는 무엇이 있는가?

⑦ 이 인간관계를 위해서 포기하는 것에는 무엇이 있는가?

⑧ 서로 갈등이 있을 때, 주로 어떤 이유 때문에 다투는가?

Options (선택지)

① 나의 이상적인 연인관계를 실현시키기 위해 어떻게 하면 좋겠는가?

② 이 관계에서 어떤 면들이 변화하거나 발전해야 하는가?

③ 갈등을 잘 해결하지 못하고 있다면, 어떤 다른 접근법을 취해야 할까?

④ 하기 시작해야 하는 일에는 무엇이 있는가?

⑤ 멈춰야 하는 행동에는 무엇이 있는가?

⑥ 배우자가 해줬으면 하는 일에는 어떤 것이 있는가?

⑦ 배우자가 그만했으면 하는 행동은 무엇인가?

Way forward (실행)

① 나는 어떤 선택지를 택할 것인가?

② 언제 행동할 것인가?

③ 누가 나를 격려해주고 지원해 줄 수 있는가?

④ 언제 그들에게 이야기를 할 것인가?

⑤ 내 목표를 성취하기 위해서 하려고 하는 행동을 성공적으로 마치기 위해 스스로 어떤 질문을 더 던져보는 것이 좋을까?

⑥ 만약 헤어지는 것이 답이라는 생각이 든다면, 어떻게 하면 상처를 주지 않고 잘 마무리 할 수 있을까?

2) 이상적인 배우자 찾기

이상적이 배우자를 어떻게 찾을 수 있는지에 대해 이야기 하기 전에 먼저 누구를 만나든 남자친구가 자신에게 소홀하다고 느꼈던 수현이의 사례를 떠올려 보자.

『수현이는 남자친구가 그녀에게 자상하지 않아서 행복하지 않다고 생각했다. 그가 절대 변하지 않을 것이라고 생각했던 그녀는 이 관계는 좋은 방향으로 흘러가지 못할 것이라 믿었고 헤어짐을 택했다. 그녀는 아주 매력적인 여성이었기 때문에 얼마 지나지 않아서 새로운 남자친구를 사귀게 되었다. 그러나 고작 세 달이 지나자 그녀는 이전의 관계에서 느꼈던 것과 똑같은 기분을 느끼고 있는 자신을 발견했다. 남자친구가 신경을 써주지 않는다고 느낀 것이다. 이런 상황을 두 번이나 겪으면서 그녀는 스스로에게 질문을 던지기 시작했다.

① 남자친구가 어떤 방식으로 챙겨 주기를 원하는 걸까?
② 남자친구와 어떤 대화를 해야 할까?
③ 내가 지금 생각하고 느끼는 바를 어떻게 하면 잘 전달할 수 있을까?
④ 그가 나를 더 신경 쓸 수 있도록 만들려면 내가 어떻게 할 수 있을까?

위의 질문들은 남자친구에 포커스가 있는 것이 아니라 수현이의 내적 상태를 묻는 질문이다. 남자친구가 어떻게 해주기 만을 바라는 수동적인 질문이 아니라, 스스로 변화하는 과정을 통해 더 좋은 결과를 이끌어낼 수 있는 방법을 찾는 과정을 위한 질문이라는 말이다. 텔레파시는 존재하지 않기에 나의 기분과 생각을 말로 전달하지 않는다면 상대방이 알아차리기란 거의 불가능하다. 그녀가 남자친구와 행복하게 사귈 수 있기 위해서는 그저 속상해하면서 남자친구가 변화해주기를 기다렸던 이전의 태도를 버리고 스스로가 할 수 있는 것들을 조금씩 찾아나가야 한다. 남자친구와 깊은 대화를 통해 서로의 생각을 나누고, 상대방이 내가 원하는 행동을 하게끔 하기 위해 어떤 변화가 필요한 지 파악하여 실천한다면 이전보다 훨씬 만족스러운 연애를 할 수 있을 것이다.』

그녀는 코칭의 과정에서 다음과 같은 사실을 깨달았다.

① 상대방에게서 원했던 것에 대한 인식을 스스로에게서 끄집어냈다.
② 그녀가 변화할 힘을 누구에게도 양도하지 않고 잘 사용하였다.
③ 남자친구가 텔레파시가 없는 사람임을 느꼈다.
④ 그녀가 원하는 것이 무엇인지 제대로 전달했다.
⑤ 남자친구 또한 그가 원하는 것이 무엇인지 말할 수 있도록 이끌었다.

이상적인 배우자를 찾는 것에는 당신이 새로운 만남에 대한 두려움을 없애고 적극적일 수 있도록 준비하는 과정이 선행되어야 한다. 다 준비가 된 후에, 특별한 누군가를 만나게 된다면 TRUST 모델을 참고하여 원하는 결과를 이끌어낼 수 있도록 스스스로를 격려하고 칭찬해라. 자존감 설문지에서 스스로에 대해 어떻게 대답했는지 잠시 생각해보라. 만약 자존감을 높여야 한다는 결과가 나왔었다면 그때부터 지금까지 어떤 노력을 들여왔는지 생각하고 그 노력의 효과를 믿어야 한다. 만약 아무것도 한 것이 없다면, 무엇 때문에 아무런 조치를 취하지 않았는지 생각해보아야 한다. 코칭은 당신이 변화하려는 의지가 있어야만 효과가 있다. 만약 연인 관계나 인간 관계 전반에 대해 허무함을 느낀다면 왜 그런지, 그리고 어떻게 하면 변화시킬 수 있을지 방법을 모색하는 것이 옳다. 스스로가 성공할 수 있도록, 새로운 사람을 만나고 사랑하고 사랑 받을 수 있도록 격려하고 지지해 주자.

TGROW 모델 사용

Topic (주제) - 이상적인 배우자 찾기

Goal (목표)

① 배우자가 꼭 가졌으면 하는 자질에는 무엇이 있는가?
② 어떤 가치관을 공통적으로 가졌으면 하는가?
③ 배우자가 어떻게 대해줬으면 하는가?
④ 배우자가 알고 있어야 할 당신의 목표나 바램에는 무엇이 있는가?

Reality (현실)

① 지금까지 이상적인 배우자를 만나기 위해서 어떤 일을 했는가?
② 얼마나 성공적이었는가?
③ 사람들을 만나기 위해서 어디에 가는가?
④ 무엇을 하는 것을 좋아하는가?
⑤ 비슷한 가치관을 가진 사람을 어디서 찾는가?
⑥ 지금까지 했던 연애가 성공적이었는가?
⑦ 자주 다퉜다면 무엇 때문에 자주 다퉜는가?

Options (선택지)

① 새로운 사람들을 만날 수 있는 공간에는 어디가 있을까?
② 이상적인 배우자를 만나기 위해서는 어떻게 해야할까?
③ 주변에 좋은 사람을 소개시켜 줄만한 믿음직한 친구가 있는가?
④ 인간관계를 넓히기 위해서 어떤 일을 할 수 있을까?

Way forward (실행)

① 어떤 선택지가 가장 마음에 드는가?
② 언제 행동할 것인가?
③ 누가 나를 도와줄 수 있는가?
④ 그들과 언제, 어떤 대화를 나눌 것인가?

⑤ 지금 하려는 행동을 명확히 이해하기 위해서 어떤 질문을 더 던져야 하는가?

현우의 예시

현우는 싱글아빠이다. 아이들이 7살과 5살이었을 때, 아내는 그들을 떠났고 그때부터 지금까지 현우는 열심히 일하며 아이를 키웠다. 아이들은 다행히 밝고 독립적인 청소년으로 자라났고, 이제 현우는 신경쓸 일이 적어졌다. 하지만 아이들이 크는 모습을 바라보면서 현우는 곧 아이들이 집을 떠나면 혼자가 될 것이라는 생각이 들었다. 그런 생각을 하면서, 누군가와 연인의 관계에 있었던 적이 너무 아득해 어떤 느낌이었는지도 기억이 안 난다는 것을 느꼈다. 하루는 자리에 앉아서 그의 미래가 어떤 모습일지 그려 보다가 혼자 어두컴컴한 집에 있고 싶지 않으며 취미와 취향을 공유하면서 재미있게 이야기도 하고 맛있는 것도 먹을 수 있는 사람이 필요하다는 것을 깨달았다. 하지만 근 10년동안 여자에게 작업을 걸어본 적이 없다는 것이 걸렸다. 자존감이 많이 낮아진 상태였던 것이다. 많은 생각을 한 뒤, 직장 외에 취미생활을 하면서 지금 보다 더 많은 사람들을 만나겠다는 결심을 내렸다. 현우는 그가 평소에 흥미를 가지고 있었던 와인을 탐구하고 연구하는 모임이 근처에서 열린다는 것을 알게 되었고 그 동아리에 가입해서 새로운 사람들과 이야기하고 노는 것에 점점 익숙해졌다. 그러면서 함께 동아리 활동을 하던 순미에게 점점 마음을 열어갔고 곧 둘은 정말 좋은 친구가 되었다.

7. 재미와 여유시간

휴가를 자주 다니거나, 일에 더 많은 시간을 쏟는 것은 문화권마다 다르다. 우리가 어떤 가치를 중요시 하는 문화권에서 태어나고 자랐는가에 따라서 여유를 즐기는 정도의 차이가 존재하는 것이다. 당신은 어떤 쪽인가? 일을 하지 않고 있으면 죄책감이 드는가? 사실, 일을 좋아하고 바쁜 삶 속에서 즐거움을 찾는 사람이라면 여유로운 생활이 오히려 고역일 수도 있다. 특히, "시간이 돈이다"라는 생각을 하면서 살아가는 사람이라면 한 숨 돌리는 시간이 너무너무 아까울 지도 모른다. 이렇게, 여유에 대한 태도의 차이는 공적인 분야뿐 아니라 사적이 분야에서도 당신의 우선순위와 행동에 영향을 미친다.

1) 직업 환경 알아보기

초과 근무 때문에 기진맥진해 있는 사람들은 정말 많지만 점점 시간이 지나면서 오랫동안 행복하게 살기 위해서 일과 여가의 균형을 잘 잡는 것이 중요해지고 있다. 기술의 발전으로 인해서 국경을 뛰어넘는 소통이 가능해졌다. 그렇다 보니 세계 경제 또한 상호의존도가 높아졌고, 여러 나라의 고객들을 상대하기 위해 24시간 내내 고객들의 소리를 들어야 하는 일자리 또한 많아졌다. 신경써야 하는 요소가 더 늘어난 것이다. 이런 시대적 배경에 따라 사람들이 워커홀릭으로 변하는 것은 드문 일이 아니게 되었다. 하지만 이런 상황은 바쁜 만큼 좋은 결과를 이끌어 내기는커녕 직원들을 지치게 하고 스트레스를 더 많이 받게 하여 이전보다 좋지 않은 결과를 도출해내기도 한다. 창의적인 생각을 할 수 있기 위해서는 이처럼 쉼없이 돌아가는 직장 생활에서 발생하는 여러 문제에 대한 해결방법을 모색해야 한다. 일을 즐겁게 만들 수 있는 방법을 찾는 과정에서 너무 서두르지 말고 여유를 가지고 한 발자국씩 앞으로 나아가는 것이 좋다는 말임을 명심하자.

2) 직업과 생활 간의 균형을 맞추기

조금이라도 더 이상적인 삶을 위해서 여가와 직장의 균형이 어떤 의미를 가지고 있는지 생각해보자. 일에 너무 몰두한 나머지 장보기나 청소와 같은 다른 일들을 제쳐두고 지내느라 만족스러운 삶을 살고 있지 못할 수도 있기 때문에, 여가와 직장의 균형에 대해 생각해보는 것은 중요하다. 이 과정에서 당신의 핵심가치가 무엇인지, 그리고 인생에서 어떤 것들이 중요한 의미를 가지는지를 다시 한번 파악하는 것도 도움이 될 것이다. 어떻게 하면 더 재미있는 삶을 살 수 있을까?

첫째, 나에게 여가시간이란 무엇을 뜻하는가?
둘째, 재미있는 일이란 무엇인가?
셋째, 아무것도 할 일이 없다면 어떤 기분이 들겠는가?

TGROW 모델 사용

Topic (주제) - 여가시간을 알차게 보내기.

Goal (목표)

① 직장에서 일을 하고 있지 않을 때 무엇을 하고 싶은가?

② 원하는 활동을 다 할 수 있다면 어떤 활동을 가장 하고 싶은가?

③ 지금까지 시간이 없어서 하지 못했던 일이 있는가?

④ 누구와 함께 있고 싶은가?

⑤ 어디서 시간을 보내고 싶은가?

⑥ 어떤 소리를 듣고 있는가?

⑦ 기분이 어떤가?

⑧ 어떻게 긴장을 풀 것인가?

⑨ 긴장이 풀렸다면, 기분이 어떨까?

Reality (현실)

① 지금 상황을 자세히 설명해보라.

② 대부분의 시간 동안 얼마나 편히 생활하는가?

③ 직장을 벗어나면 어떤 일이 가장 하고 싶은가?

④ 어떤 활동을 가장 즐기는가?

⑤ 취미 생활을 하는데 얼만큼의 시간을 쓰는가?

⑥ 퇴근하고 나면 힘이 얼마나 남아있는가?

⑦ 여가시간을 즐기는데 걸림돌이 존재하는가?

⑧ 무엇 때문에 재미있게 시간을 보내지 못하고 있는가?

Options (선택지)

① 여가 시간을 늘리기 위해서 어떤 변화가 필요한가?

② 자투리 시간에 할 수 있는 취미생활에는 어떤 것이 있는가?

③ 어떻게 하면 자유시간을 알차게 보낼 수 있을까?

④ 해보고 싶은 새로운 운동이나 취미생활이 있는가?

⑤ 걸림돌을 어떻게 없앨 수 있을까?

Way forward (실행)

① 어떤 선택지가 가장 마음에 드는가?

② 어떤 정보가 더 필요한가?

③ 어디서 더 많은 정보를 얻을 수 있는가?

④ 새로운 시도를 위해서 언제 시간을 낼 것인가?

⑤ 여가시간을 늘리기 위해서 나를 도와줄 수 있는 사람이 있는가?

⑥ 여가시간을 함께 보내고자 하는 사람이 있는가?

⑦ 언제부터 더 많은 여가시간을 낼 것인가?

⑧ 나의 발전을 어떻게 측정할 것인가?

3) 성공적인 은퇴생활 계획하기

취미활동을 찾는 것은 은퇴 후의 생활을 계획하는데도 도움이 된다. 만약 맨날 일만 한다면, 나중에 퇴직 후에는 어떤 재미로 살아갈 것인가? 은퇴 후에도 이루고자 하는 목표가 있어야 목적의식을 가지고 열심히 살아갈 수 있으며, 취미를 적어도 하나 정도는 갖고 있어야 즐겁게 생활할 수 있다. 행복한 노후를 위해서라도 여가시간을 알차게 보내는 연습을 시작 하는 것이 좋다.

명희의 예시

명희는 두 명의 아이를 가진 52살의 중년 여성이다. 그녀는 지금 다니는 직장을 정말 좋아했지만 다음 프로젝트를 무엇으로 기획해야 할지, 마감 기한이 언제인지 등의 고민을 얼른 털어내고 싶기도 했다. 그러나 그녀는 딱히 취미생활이 없었기 때문에 휴일이 다가올 때 마다 지루하고 아무 것도 할 일이 없어서 신나지 않았다. 어딜 가도 재미가 없었고, 휴양지에 놀러 간다고 해도 잠깐 기분 좋은 것이 끝이었다. 이런 상황에서 은퇴를 하게 된다면 어떻게 살아가야 할지 고민이 많았다. 명희는 자신의 재능과 흥미를 탐색해보기로 했다. 그녀는 12살에 미술을 포기했기 때문에 스스로 미적 감각이 있을 거라고 생각해본 적이 없었다. 하지만 친구들을 초대해서 맛있는 음식을 대접하거나 정원을 예쁘게 가꾸는 것을 좋아하는 자신의 모습을 보면서 조금식 마음속에 숨어있는 창의성을 발견했다. 몇 년 전까지만 해도 정원을 가꾸는 것은 취미보다 집안일에 가까웠지만 명희는 점점 정원일을 즐기기 시작했다. 도서관에 가서 꽃을 키우는 방법도 공부하고, 새로운 시도도 해보며 그녀는 정원 가꾸는 일을 자신의 취미로 삼기로 결정했다. 취미를 가지고 나니, 은퇴 후의 생활도 걱정되지 않았다. 그녀는 이제 마음껏 원하는 꽃을 기르고 정원을 예쁘게 꾸밀 수 있을 은퇴 후를 기대하게 되었다.

8. 일과 직업

우리가 하고 있는 일과 그 일을 하는 과정에서 가지고 있는 태도 등을 보면 스스로와 일에 대한 전반적인 생각을 알 수 있다. 만약 당신이 스스로의 가치를 소중히 여기지 않고, 재능과 능력을 사용하지 않는 사람이라면 아마 조금이라도 스스로의 한계를 넘어야 하는 일은 절대 선택하지 않을 것이다. 이와 반대로 "힘들게 얻지 않은 것은 소중한 것이 아니다"는 생각을 가지고 있는 사람은 매번 자기에게 버거운 직장을 선택할 수도 있다. 삶과 직장의 균형을 맞추기 위해서 노력하는 요즘, 일과 관련된 스트레스가 증가하고 있다는 사실은 놀랍지 않다. 그러나 얼마나 오랫동안 일하는지가 아니라, 직장에서의 시간을 얼마나 효율적으로 사용하는 지가 더 중요하다는 것을 잊어버리고 살아가는 사람들이 많다. 일의 효율성은 본능적으로 자신 있는 일, 혹은 즐길 수 있는 일을 할 때 아주 많이 증가한다. 타고난 재능과 상관이 없는 일이라도 여러 방법을 통해서 일의 효율성을 높인다면 이전보다 스트레스가 덜 할 것이다. 일의 효율성은 양질의 삶을 살아가기 위해 필수적인 요소이다.

1) 직업 계획 세우기

인간의 기대 수명이 늘어나면서 한 사람이 3개 영역에 5개의 직업을 가지고 18개의 핵심 역량을 가져야 한다는 3-5-18의 룰이 적용되는 시대를 살아가야 한다. 30년 전에는 사실 직업을 자주 바꾸면 부정적인 시선이 많았지만 요즘은 그렇지 않다. 커리어 패스를 형성하는 과정에서 젊은이들은 여러 곳에서 여러 일을 하며 경력을 쌓고 능력을 향상시키곤 한다. 1년 정도 외국을 여행하는 것 또한 세상을 바라보는 시각을 넓힐 수 있고 여행하는 동안 많은 생각과 고민을 할 수 있기 때문에 앞에서 말했던 '경험을 쌓는' 활동에 포함이 된다. 요즘은 본인이 가진 재능과 능력을 알아야 하며, 분석할 수 있어야 한다. 이런 과정에서 가장 필요한 것은 건강한 자존감인데, 직업적으로 나아가야 할 방향을 설정하고 계획을 세우는 과정 속에서 지치지 않도록 스스로를 격려해 줄 수 있어야 하기 때문이다. 당신은 일정한 돈을 받고 당신의 능력과 기술을 고용주에게 제공하고 있다는 사실을 기억해라. 현재 월급이 적다면 경력을 쌓은 뒤 조금씩 더 좋은 직장을 통해서 올려가면 되는 것이고 지금 가고 있는 길이 잘못된 길인 것 같다면 돌아가면 된다. 조급해 하지 말고 멀리, 그리고 넓게

보는 것이 필요하다. 점점 고용 계약의 기간이 짧아지고 세상이 빠르게 변하고 있기 때문에 본인의 절대적인 경쟁력과 능력, 기술과 가치를 준비해야 함을 기억하자.

2) 포트폴리오 접근법 사용하기

포트폴리오 접근법은 소위 말하는 '스펙 쌓기'와 비슷하다. 하지만 본인이 즐겨하는 일로 스펙을 쌓는 것을 뜻하기 때문에 인위적으로 만들어내는 포트폴리오와는 차이가 있다. 이 접근법은 당신이 즐거워하는 일을 통해서 돈을 벌었던 경험이나 상을 탔던 경험을 그냥 취미로 넘겨버리지 말고 문서로 남겨놓는 것을 통해서 앞으로 본인이 즐기는 일을 직업으로 삼을 수 있도록 도와준다. 예를 들어서, 당신이 컴퓨터를 매우 잘하고 좋아하는데, 잠깐 그와 관련해서 학생들을 가르친 적이 있다면 그 때의 활동과 증빙자료들을 모아 놓거나, 그림그리기를 좋아한다면 지금까지 그려왔던 그림과 판매 실적을 모아두는 것이 포트폴리오 접근법이다.

TGROW 모델 사용

❖ Topic (주제) - 즐겁고 만족스러운 직업 갖기

Goal (목표)

① 어떤 일을 하는 것이 목표인가?

② 이상적인 직업을 가질 수 있다면, 어떤 일을 하고 싶은가?

③ 직업을 고를 때 어떤 요소를 가장 많이 보는가?

④ 어떤 재능과 능력을 사용하고 싶은가?

⑤ 장기적으로 봤을 때 어떤 직장을 가지고 싶은가?

⑥ 일주일에 몇시간 정도 일하고 싶은가?

⑦ 어떤 분야에 종사하고 싶은가?

Reality (현실)

① 지금 현재 하고 있는 일을 만족스럽게 혹은 불만족스럽게 만드는 요소가 무엇인가?

② 직장에서 맡은 역할이 무엇인가?

③ 어떤 지위를 갖고 있는가?

④ 직장에서 얼마나 중요한 존재로 여겨지고 있는가?

⑤ 어디서 일을 하고 있는가?

⑥ 어떤 능력을 사용하는가?

Options (선택지)

① 어떻게 하면 좀 더 마음에 드는 직장을 구할 수 있을까?

② 어떻게 직장과 여가시간의 균형을 맞출 수 있을까?

③ 하고 있는 일을 즐길 수 있는 방법이 있는가?

④ 원하는 곳에서 일을 할 수 있다면, 어디서 일 하고 싶은가?

⑤ 좋아하는 일을 할 수 없는 상황에 놓여있다면, 어떤 변화가 있어야 하고 싶은 일을 할 수 있는가?

⑥ 누가 당신을 도와줄 수 있는가?

Way forward (실행)

① 아이디어 리스트에서 무엇이 가장 좋은 생각인 것 같은가?

② 어떤 변화가 필요한가?

③ 누구와 언제 그 변화에 대해 이야기를 나눌 것인가?

④ 언제 시작할 것인가?

⑤ 누가 도움을 주었으면 하는가?

⑥ 당신의 결정에 의해 누가 영향을 받는가?

⑦ 영향을 받는 사람들과 언제 대화할 것인가?

⑧ 어떤 장애물이 있을 수 있는가?

⑨ 어떻게 극복할 것인가?

3) 자기관리

변화를 도모하기 전에 항상 체크리스트를 만들어서 스스로를 점검 하는 습관을 가져야 한다. 시간이 촉박한 생활 속에서 살다 보니, 시간 관리에 관한 강연들이 매우 많아진다. 그러나 사실 시간 관리는 자기관리와 깊이 연관되어 있다. 주변 환경을 변화시키는 활동을 했을 때 어질러져 있는 집을 정리하거나 어수선한 방을 정리했는가? 그렇다면 이는 자기 관리를 통한 시간 관리의 예에 해당한다. 더 이상 물건을 찾느라 오랜 시간을 서성이지 않아도 되기 때문이다. 사람들은 2주간의 해외여행 계획을, 인생 전체에 대한 계획을 짜는데 들이는 노력보다 훨씬 더 많은 노력을 들여서 세우곤 한다. 휴가를 가는 2주만이 인생의 전부가 아님을 기억하자. 회의를 시작할 때 몇시간 정도 진행할 것인지 대충이라도 계획을 하고 시작 하는 것이 더 효율적인 것과 마찬가지로, 인생에도 계획이 필요하다. 만약 다 끝내지 못한 일 때문에 매일 스트레스를 가득 받은 채로 잠자리에 든다면 먼저 하루에 몇 가지 정도의 일을 끝낼 수 있는지 파악해야 한다. 자기가 가진 능력을 파악한 뒤, 그에 맞는 계획을 세우는 것이 스트레스를 줄일 수 있는 방법이기 때문이다. 다음과 같은 질문에 답해보아라.

① 매일 계획한 일의 몇 퍼센트를 수행하는가?
② 한 활동에서 다음 활동으로 차근차근히 넘어가며 살아가는가?
③ 한 활동이 얼마나 걸릴지 추측하는데 얼마나 능통 한가?
④ 해야할 일의 리스트를 작성하는가?
⑤ 오늘 해야 할 일의 우선순위를 생각하는가?
⑥ 거절을 하는 것에 익숙한가?

위의 예/아니오로 대답할 수 있는 질문들에 대한 답이 '아니오' 혹은 '거의 그렇지 않다'가 많았다면 자기 관리 능력을 발전시키기 위해서 어떻게 해야하는지 생각해보아야 한다. 만약 당신이 원하는 대로 하루를 살아갈 수 있다면, 어떤 하루를 살 것인가? 이상적인 하루에 대한 생각을 명확히 하고 나면 어떻게 그 목표를 이룰 것인지에 대해 코칭을 시작해야 한다. 다음의 질문을 통해서 생각의 물꼬를 터라.

① 지금 현재 평균적인 하루는 어떤가?
② 하루에 몇가지의 일을 하려고 하는가?
③ 그 목표가 얼마나 현실적인가?
④ 하려고 하는 일들 중 무엇이 중요하고, 무엇이 중요하지 않은가?
⑤ 어떤 활동이 우선적인가?
⑥ 어떤 활동을 즐길 수 있는가?
⑦ 누가 당신을 도와줄 수 있는가?
⑧ 하루의 목표를 달성한다면 어떻게 스스로를 칭찬해줄 것인가?

동식의 예시

동식은 어린 아이 둘을 가진 30대 초반의 남성이다. 쭉 기자로 일하면서 대도시에서 살아왔지만 가족이 생긴 지금, 다른 도시에 있는 직장에 출퇴근하는 과정에서 버리는 시간을 줄이고 싶다는 생각을 하게 되었다. 뿐만 아니라, 공기 좋은 곳으로 휴가를 갈 때 마다 뛰어 노는 아이들의 모습을 보며 뿌듯해 하곤 했다. 그와 아내는 어떻게 하면 지금 대도시에서 사는 것 보다 가족 전체에게 도움이 될 수 있는 삶의 방식을 찾을 수 있을지 고민하기 시작했다. 동식과 아내는 먼저 삶에서 중요하다고 생각하는 요소가 무엇인지 고민했다. 가족과 함께 많은 시간을 보내는 것을 가장 우선순위로 뒀으면 좋겠다는 생각에 공감한 부부는 지금처럼 아침 일찍 회사로 향해서 아이들이 다 잠들고 난 뒤인 늦은 시간에 퇴근하는 생활을 멈추겠다고 결심했다. 변화의 첫 걸음으로 동식은 이사를 택했다. 직장과 지금보다 가깝고 공기도 더 맑은 곳에 위치한 도시로 생활의 터전을 옮기기로 한 후, 야근 수당을 덜 받더라도 일주일에 1번은 꼭 아이들과 바다를 보러 갈 수 있게끔 하겠다고 약속했다. 30년 동안 살아왔던 곳을 뒤로 하고 이사를 간다는 것이 쉬운 결정은 아니었으나, 동식은 더 중요한 가치를 추구할 수 있는 삶을 살기 위해 내린 이 결정이 마음에 들었다.

9. 건강과 피트니스

우리는 멋진 몸매를 가진 사람들의 사진이나 광고에 파묻혀 살아간다. 그렇기 때문에 많은 사람들은 스스로에게 솔직하고 행복해지기보다 연예인과 비슷한 몸매를 가지길 끊임없이 원하면서 노력한다. 완벽한 몸매를 가지고 유지하는 것은 사실 정말 많은 시간과 노력을 필요로 한다. 그런 비용을 다 지불하면서 스트레스를 받기 보다 있는 그대로의 자기 자신을 받아들이고 변화할 수 없는 것은 변화할 수 없다고 인정하는 것이 편할지도 모르는 일이다. 예를 들어서 당신이 아무리 노력해도 키는 변화하지 않는다. 그렇기 때문에 키가 컸으면 하는 바람을 마음속에 품고 사는 것은 아무런 도움이 되지 않을 것이다.

"정신은 육체를 만들고, 육체는 정신을 만든다!"

1) 몸의 중요성 인식하기

마음가짐과 몸이 서로에게 영향을 주고 받는 다는 것은 사실이지만 정확히 과학적으로 어떤 연관성이 있는지는 아직 모른다. 앞에서 계속 마음과 정신상태에 대해 이야기 해왔기 때문에 이번 단원에서는 몸에 대해 생각하는 시간을 가지려고 한다. 건강하고 에너지 넘치는 것은 얼마나 중요한가? 만약 그렇게 중요하지 않다고 생각한다면 건강해지기 위한 동기를 찾는 것은 쉽지 않을 수도 있다. 하지만 “나는 건강 할거야”, “나에게는 아무 일도 일어나지 않을 거야”라는 마인드로 계속 살아가다가 큰 코 다칠 수도 있으니 조심해야 한다. 이전 세대보다 더 오래 살 수 있다고 전제한다면, 추가로 얻는 그 5년 혹은 10년 동안 어떻게 살아가고 싶은가? 병마와 싸우면서 살아가고 싶은가 아니면 건강하고 즐겁게 살고 싶은가? 미리 젊었을 때부터 이런 생각을 하는 것은 나중에 건강에 문제가 생기지 않을 수 있도록 예방해준다. 스스로에게 다음의 질문을 던져보아라.

① 나는 내 몸을 어떻게 대하고 있는가?
② 지금 가진 건강을 너무 당연하게 여기고 있지는 않는가?
③ 건강상 문제를 일으킬 수 있는 습관을 가지고 있는가?
④ 이런 습관을 어떻게 고칠 수 있는가?

2) 좋은 습관과 나쁜 습관 파악하기

대부분의 습관은 이롭다. 매일 마다 생각을 하면서 활동을 해야 한다면 우리의 머릿속은 과부화될 것이 틀림없다. 일어나서 세수를 할 때 마다, 옷을 입을 때 마다 순서를 생각하고 방법을 찾아서 해야 한다면 얼마나 끔찍하겠는가? 우리는 매일 일상생활 속에서 일어나는 일들을 습관적으로 행한다. 하지만 이런 습관을 만들기 위해서 노력하거나 따로 공부를 했는가? 전혀 그렇지 않다. 그 말인즉슨, 긍정적인 습관을 형성하고 싶다면 꾸준히 그 일을 매일 행한다면 자연스레 된다는 소리이다. 이런 긍정적이거나 일상적인 습관과 다르게 짜증나거나 좋지않은 습관도 분명히 있다. 담배를 피우는 것이나 밥을 너무 빨리 먹는 것, 마감 기한이 다 되어서야 일을 시작하는 것 등이 그렇다. 이런 습관을 변화시킬 때 가끔 예전으로 상태가 돌아오는 경우가 존재 하는데, 습관이라는 굴레 속에 갇힌 행동이기 때문에 충분히 '그럴 수 있다'는 태도를 가질 필요가 있다. 만약 건강이 당신의 우선순위에 올라있지 않다면 삶이 점점 바빠지거나 정신이 없어 졌을 때, 건강한 식습관을 가장 먼저 버리게 될 수도 있다. 약한 의지 보다 우선순위에서 밀린다는 사실이 더 큰 영향을 주는 것이다.

" 되돌아 오는 것은 자연스러운 것이다! "

TGROW 모델 사용

Topic (주제) - 건강에 좋은 습관을 형성하고 나쁜 습관 버리기

Goal (목표)

① 나에게 건강한 상태란 무슨 뜻인가?

② 어떤 기분이 드는가?

③ 건강하기 위해서 무엇을 해야 한다고 생각하는가?

④ 내 주변의 사람들이 뭐라고 하는가?

⑤ 이상적인 몸무게는 몇 킬로그램인가?

⑥ SMART 모델을 사용하여 목표를 구체화하라.

Reality (현실)

① 지금 얼마나 건강한 상태인가?

② 지금까지 어떤 운동을 해왔는가?

③ 식습관이 어떤가?

④ 언제 건강하지 않은 음식을 먹곤 하는가?

⑤ 건강 때문에 하지 못하는 일들이 있는가?

⑥ 건강에 나쁜 습관이 있는가?

Options (선택지)

① 건강해지기 위해 어떤 운동을 할 수 있는가?

② 어떤 일을 그만하고 싶고, 어떤 습관을 형성하고 싶은가?

③ 어떤 장애물이 존재하는가?

④ 어떻게 극복할 것인가?

⑤ 나쁜 습관을 촉발하는 상황에서 어떻게 벗어날 것인가?

⑥ 누가 나를 도와줄 수 있는가?

Way forward (실행)

① 어떤 선택지가 가장 마음에 드는가?

② 언제 시작할 것인가?

③ 어떤 자원이 필요한가?

④ 나의 발전 상황을 어떻게 측정할 것인가?

⑤ 조금씩 성취해 나갈 때 마다 어떻게 스스로를 칭찬해줄 것인가?

동일의 예시

막 50대에 접어든 동일은 지난 10년간 살이 점점 찌는 것을 느꼈다. 일 때문에 운동할 시간은 없어졌고, 회식 때문에 밤 늦게 음식을 먹는 일이 잦아졌다. 이제는 조금만 가파른 언덕을 올라갈 때도 숨이 찼다. 만약 계속 이 상태로 둔다면 은퇴할 때 즈음에는 평지를 걷는 것도 버거워질지 모른다는 두려움이 엄습했다. 그는 코칭의 과정을 적용해서 건강을 되찾기로 결심했다. 먼저, 은퇴 후에 시골에서 자연과 함께 살겠다는, 건강해지기 위한 동기를 확고히 했다. 목표하는 건강상태와 은퇴 후의 삶을 정하고 나서 그는 현재 자신의 몸 상태를 솔직히 평가해 보았다. 그리고 현재 직장에서의 상황을 고려하여 어떤 일을 할 수 있을지 선택지를 작성했다. 운동을 많이 할 수는 없겠지만, 퇴근 후 한시간 정도 헬스장에서 보내거나 주말 아침에 등산을 할 수는 있을 거라는 생각이 들었다. 하지만 일 하는 시간 외에 자유 시간을 내기가 힘들 것 같다는 생각에, 그는 사무실에서 스트레칭을 하고 아령을 들기로 했다. 뿐만 아니라 2층인 사무실에 걸어서 왔다 갔다 하는 것도 도움이 될 것 같았다. 그는 현재로선 이렇게 꾸준히 소소한 운동을 하고 일이 많이 없을 때는 등산이나 헬스장에 다니기로 결심했다. 가끔은 아주 작은 변화가 큰 영향을 준다는 사실을 잊지 말자.

제 5 강

4단계 : 마무리하기

제5강 4단계 : 마무리하기

1. 발전의 복습

인생의 8 가지 부분을 코칭하는 방법을 모두 알려주었으니 이제 당신이 얼마만큼 발전했는지 되돌아보고 마무리를 정리할 시간이다. 옳은 방향으로 변화하고 그 변화를 유지하기 위해서는 이렇게 복습하는 과정이 꼭 필요하다는 것을 기억하라.

1) 목표 확인하기

책의 앞 부분에서 당신이 원하는 삶의 모습을 구체화하고 명확히 하기 위해서 했던 노력들을 떠올려보라. 그리고 그 과정을 통해서 결론지었던 이상적인 삶의 모습을 다시 한번 기억해야 한다. 그 모습이 여전히 당신이 바라는 삶의 모습인지, 아니면 책의 뒷 부분을 읽고 활동을 하면서 변동사항이 있는지 확인해야 코칭의 과정이 끝난 후 완전히 만족할 수 있을 것이다. 지금 하고 있는 변화나 활동 이외에 어떤 것들이 더 필요한지 생각해보고 계속 그 꿈을 현실화하기 위해서 박차를 가해야 한다. 당신의 삶이 모든 부분에서 만족스러울 때까지 코칭의 과정을 멈추지 말고 계속 하라!

"'이 정도쯤이면 괜찮겠지'라는 생각을 버려라!"

2) 내적 코치 알기

내적 코치와 모든 과정을 함께 하면서 스스로와 얼마나 친해졌는지 확인해보는 시간을 가질 필요가 있다. 다음과 같은 특성들은 당신이 이제 스스로를 잘 알고 있으며, 내적 코치와 친해졌다는 증거라고 할 수 있다.

① 나는 내 마음의 소리에 귀를 기울인다.
② 나는 내 자신을 믿는다.
③ 나는 스스로에게 무조건적인 지지를 해 줄 것이며 내 자신을 판단하지 않는다.

④ 나는 스스로를 격려한다.
⑤ 나는 도전하는 것을 두려워하지 않는다.
⑥ 나는 이루고자 하는 목표에 집중한다.
⑦ 나는 내 자신에게 최고의 일들이 일어나기를 바란다.
⑧ 나는 나의 성취를 칭찬하고 축하한다.

3) 영원하고 지속 가능한 변화 만들기

코칭은 내적인 삶과 외적인 삶의 모든 부분에서 변화를 일으킨다. 인생을 살아가면서 우리는 생각하지도 못했던 일을 마주하게도 되고 선택하지 않았던 상황에 놓이게 되기도 한다. 그러나 우리는 우리가 어떻게 반응할 것인지 그리고 어떤 태도를 가질 것인지를 선택할 수 있다. 만약 당신이 지금까지 가져왔던 태도를 더 긍정적인 결과를 이끌어 낼 수 있게끔 바꾸고 싶다면 이 책이 제안하는 활동을 열심히 해보는 것이 좋다. 만약 코칭의 과정에서 실수를 저질렀다고 해도 스스로를 용서하고 앞으로 나아가야 한다. 주변 사람에게 도움을 청하는 것 또한 좋은 방법이 될 수 있다. 목표하는 삶을 살아가는 것은 모든 부정적인 생각을 완전히 제거하기를 요구하지 않는다. 다만, 그런 부정적인 생각이 당신을 조종하지 못하기를 바랄 뿐이다. 스스로의 소리를 듣고, 스스로와 대화하는 과정 속에서 당신은 잠재력을 발견할 수 있을 것이고, 자기 자신이 변화할 수 있음을, 그리고 마주한 역경을 헤쳐나갈 수 있음을 깨닫게 될 것이다. "한번 해보자!"라는 의지와 태도를 막을 장애물은 아무것도 없다. 개인의 작은 태도 변화이지만 아주 크고 좋은 변화를 불러 올 수 있음을 기억하라. 적게 잃고 많이 얻을 수 있는 것이다! 결정을 내려야 할 때면 지금 선택하고자 하는 옵션이 목표를 향해 나아가는 것인지 아니면 퇴보하는 것인지 살펴보라. 그리고 항상 목표를 향해 한 발짝이라도 더 내딛을 수 있는 결정을 내려라. 내적 코치는 언제든지, 그리고 어디든지 존재한다는 것을 절대 잊지 말자.

2. 라이프 디자인(Life-design)

이제 당신은 인생에서 무엇이 중요한지, 그리고 지금까지 어떤 요소들이 당신을 방해했는지 알고 있을 것이다. 핵심 가치를 좇는 삶을 살기 위해서 장애물을 파악하고, 극복하는 것이 꼭 필요하다.

"당신은 삶이라는 건물의 건축가이다!"

1) 책임 다하기

코칭은 당신이 스스로의 인생에 책임을 다 할 수 있도록 도와준다. 자기 자신이 얼마나 능력 있고 소중한가를 깨닫고 어떤 일을 마주하든지 당신은 그 문제를 해결할 수 있으며, 그 과정에 대한 책임 또한 당신의 것임을 일깨워 준다. 스스로가 누구이고 어떤 사람인지를 잘 파악하고 있다면 어떤 상황에 놓이든 별로 불안하지 않을 것이다. 세상에게 무엇을 받을지 생각하지 말고 무엇을 줄지 생각하라. 당신은 충분 그 이상이다. 당신은 당신의 개성과 상상력, 그리고 호기심과 창의력을 세상에 줄 수 있는 대단한 사람이다. 자기 자신을 신뢰한다고 말할 수 있기 위해서는 스스로에 대한 믿음과 이해가 기반이 되어야 하는데, 이 책을 통해서 당신은 스스로를 믿고 의지할 수 있게 되었으리라 생각한다. 새로운 상황을 이겨낼 때 마다 자신이 어떤 사람이 되었는지 꾸준히 확인하며 스스로에 대한 이해를 계속 발전시켜야 한다.

2) 모든 것이 가능함 믿기

어떤 삶을 살고 싶든지 간에, 세상에 그런 삶을 사는 사람이 단 한명이라도 있다면 당신도 그 삶을 살 수 있다는 사실을 믿어라. 만약 정말로 어떤 것을 원한다면 그것을 이룰 수 있는 방법을 찾게 되기 때문이다. 코칭은 당신이 다음과 같은 행동을 할 수 있게 도와준다.

① 당신의 가치를 높일 수 있는 방법을 찾는다.

② 절대 스스로를 포기하지 않는다.

③ 잠재력을 탐색하고 마음의 소리를 듣는다.

④ 삶을 살아가는데 옳은 길은 없으며, 오직 나의 길이 있을 뿐이라는 사실을 믿는다.

3) 변화 이끌어내기

목표하는 삶을 살게 된다면, 당신의 삶과 그 목표를 이루기 위한 과정이 얼마나 큰 영향력을 가지고 있는지 한번 생각해보라. 당신이 변화함으로 인해서 주변 사람들도 이전과는 다른 삶을 살게 되었을 것이다. 아마 당신은 손자, 손녀들에게 긍정적인 생각의 힘을 얘기해줄 수도 있을 것이며, 당신의 이웃에게 의지의 산 증인으로 여겨질 수도 있을 것이다. 현재의 삶에 만족하지 못하고 있는 사람들이 당신의 이야기를 들으며 변화를 결심할 수도 있을 것이고, 변화를 결심한 그 사람들이 다시 또 누군가에게 선한 영향력을 미칠 수 있을 것이다. 당신의 인생을 유지하고 묶어주는 한 가지는 바로 가치관임을 기억해야 한다. 삶에서 무엇을 가장 소중히 여기는지, 그리고 그 소중히 여기는 핵심 가치관을 지키기 위해서 어떻게 행동했는지를 떠올리고 그를 통해 주변인을 변화시킬 수 있는 사람이 되어보라.

4) 성공의 레시피

성공의 영어 단어인 SUCCEED는 다음과 같은 의미를 지닌다.

핵심 가치를 Sort out (파악)하고

스스로를 Understand (이해)하며

진정으로 원하는 목표를 Choose (선택)하고

그 목표가 가치관에 부합하는지 Check (확인)하여

내적 코치와의 대화를 Enjoy (즐기)고

발전을 Evaluate (평가)하며

스스로 삶을 Design (디자인)할 수 있음을 믿는 것이다.

"행복한 인생을 살자!"

저자약력

- 인제대학교 국제경상학부 교수
  창원대학교 대학원 경제학박사
  부산대학교 대학원 경영학박사 수료
  필리핀 Southwestern University 연구교수
  인제대학교 산업융합대학원 의료관광산업학과 주임교수
  토요 꿈학교 대표 교사
  2016 경남 청소년금연학교 위탁운영 책임교수
  한국벤처창업학회 이사
  전) 인제대학교 학생복지처장, 장애학생지원센터 센터장
  전) 인제대·김해 창업보육센터장
  전) 인제대학교 첨단산업대학원 부원장
  전) 사단법인 김해기업연구소 소장
- 저서 및 논문
  벤처창업전략론, 의료관광론, 벤처기업 네트워킹 활동이 경영성과에 미치는 영향에 관한 연구, 부산지역 벤처기업의 특성과 인재육성전략, 김해시 사회적기업 발굴·육성방안에 관한 연구 외 다수

저자와의
협의하에
인지생략

인생과 사랑을 디자인하라

2017년 2월 10일 1판 1쇄 인쇄
2017년 2월 20일 1판 1쇄 발행

저 자 원 종 하
발행인 김 광 식
조 판 아 람 기 획

07285
발행처 서울특별시 영등포구 선유로3길 10, 617호
도서출판 **탑 북 스**
등 록 2009.12.21 제 2016-000101 호
전 화 02)365-2223 팩스 02)365-2224

정가 15,000 원
ISBN 979-11-87343-23-3-93320